人生2度なし、悔いなく生きよ。

Take initiative, get your life back.

情報や雑音にあふれる
この騒がしい世界に、
もっとも必要なのは
「主体性」である。

自分の頭で考え、
自分で判断し、
自分の意思で道を切り拓くこと。

周囲に惑わされない
確固たる「ものさし」は
あなたが迷い、悩んだときに
背中を強く押してくれる。

主体性を持つには、日々
「思考の修練」をすること。

私が一貫して掲げるFIREは、
早期退職してはたらかないことではなく、
「経済」と「精神」の自立を得て
自由で主体的な人生を描くこと。

私は、
14歳から金融に興味を持って以降、
主体的に人生を戦略し、
真の「経済」と「精神」の自由を
つかみ取りました。

その思考法を「#シンFIRE論」と
題して提唱します。
自由と解放感に満ちあふれ、
「今日より明日がよくなる」と思える
豊かな人生をともに手に入れましょう。

Your life is in yours.
Hold it. Never let it go.

#シンFIRE論

穂高唯希

はじめに　自由を渇望《かつぼう》する、私という人間

どこへ行ってもいい、なにをしてもいい。

眼前に限りない大海と可能性が広がっている。

ここからオホーツク海へ行こうが、インド洋へ行こうが、自分次第。寄り道してもいい。サンゴ礁の上で休んでもいい。自力で泳いでもいい。イルカの背中に乗ったっていい。大海を泳ぐ魚のように、自分の人生を自由に描いていく。

30歳でＦＩＲＥして以降、私は大海の魚となり、日々を過ごしています。

14歳、為替市場に没頭、のちにＦＸ（外国為替証拠金取引）を開始。

22歳、株式投資。

23歳、入社と同時にＦＩＲＥを決意。ブログ「三菱サラリーマンが株式投資でセミ

リタイア目指してみた」で、「階段《かいだん》は資源《しげん》」「支出《ししゅつ》の最適化《さいてきか》」などを提唱、30歳でＦＩＲＥ達成を目指すと宣言。鉄の方針で給与の8割を投資にまわし、約7年の月日を経て30歳でＦＩＲＥ達成。

翌年、日本人初のＦＩＲＥ本『本気でＦＩＲＥをめざす人のための資産形成入門―30歳でセミリタイアした私の高配当・増配株投資法―』（実務教育出版）を出版。

そして34歳のいま、人生の修練をたのしんでいます。

▒幼い頃に得た死生観

私はときに、焦燥感におそわれます。死を感じるからです。

父という身近な人を、幼い頃に突然亡くしたことで、「明日、死ぬかもしれない」という厳然たる事実に対して、言葉以上の切迫感におそわれます。しかし、目を背けてはいけない、人生の究極の命題だと思っています。

そんな経験から、人生で手に入れたいものは貪欲《どんよく》に手にしてきた人生だと思います。

漫然と生きず、自分らしく実りある人生を、1秒でも長く歩みたいのです。

■裕福といえない環境で得た金銭観

女手1つで育てられたこともあり、裕福とはいえない家庭環境でした。小学生の頃、毎日おこづかいをもらってコンビニで買い食いする友だちを見て、「ええなぁ」と思いました。塾通いでは電車で1時間かけて通うなか、周りは親が車で迎えにきているのを見て、「ええなぁ」と思いました。高校や大学も奨学金を3つ得ながら通っていました。高校生のとき、奨学金の対象者として自分の名前が呼ばれ、「先生なんでわざわざみんなの前で言うねん、ちょっと恥ずかしいやん…」と思ったこともあります。

渇望という言葉があります。

なにかが足りなくて、渇いているからこそ、人は望み、意識します。私たちが普段空気を意識しないのは、じゅうぶんにあり、不自由しないからです。

お金も同様です。

お金に不自由なく過ごすと、お金を意識しなくなります。毎日寸暇を惜しんで家族のために奔走する母を間近で見ていたからこそ、「どうやったらお金を稼げるのか」「どうやったらお金に不自由しない人生を送れるのか」「どうやったら母がここまで身を粉にして働かずに済むのか」を幼いながらに考えて過ごしました。

14歳で金融へ興味

14歳のとき「銀行にお金を預けていると、1年で7%増えた時期があった」という事実に強い興味を抱きます。

「ということは、低金利の日本円よりも金利の高い外貨に換えたほうがお得やん」と考え、為替の値動きや各国の政策金利などを研究しはじめます。のちにＦＸでロスカット（損失確定）など何度かの失敗と挫折を経て、ＦＩＲＥに至る「配当金の積み上げ」という株式投資のスタイル確立へとつながります。

自由な精神と思考の修練で、人間像形成

私が通っていた中学・高校は自由な校風で、よい意味で「良識ある変人」が集っていました。ルールがなくとも秩序が保たれる良識があるからこそ、生徒たちは自由に伸び伸びと個性を磨ける素晴らしい環境でした。そのように育った結果、学業ではなく遊ぶことにハマりました。

ファイナルファンタジーXIというオンラインゲームのプレイ時間は3年間で365日に達しました。夜中までプレイし、日中の授業は寝ていたので、成績は急降下のち低空飛行。大学受験にも興味が持てず、塾の出席率も半分以下、帰宅してテレビの前で呆ける始末。なぜか浪人する気満々で、見かねた母に「東京の大学も受験したら？観光できるで」と慶應義塾大学の受験を勧められ、観光にホイホイ釣られた私は関西から慶應へ進学。ところがまたも慶應で熱心に遊びほうけていたところ、知人の中国ツアーへ参加したことが人生の転機となります。

第二外国語が中国語だった私は、片言の中国語でチベット人と下ネタで笑い合えたことに感動を覚えます。外国の人と外国の言語で意思疎通ができたことが、最高にた

のしかったのです。これが北京大学への留学につながります。

北京大学では、早朝から中国人学生がキャンパス内にある「未明湖」という湖のほとりで大声で英英辞典を暗唱しています。3か国語話せて当たり前。キャンパス内の寮に住み、19時でも授業を真剣に受けています。彼らは自国の歴史や文化に深い理解があり、他国からすべてを吸収しようという貪欲さがありました。中華民族の復興という大きな国家的目標に向かって、みなが一致団結しているように見えました。

当時、中国のGDPは日本を下回っていましたが、「中国に抜かれる」と確信しました。そしてなにより、中国にかぎらず、韓国やベトナムなど他国の人々は自分の人生に対して真剣でした。「大学で学んだことを、自国に持ち帰り、この分野でいかしたい」といった強烈な原動力が彼らの人生を突き動かしていました。自分のゆるみきった大学生活とは対照的でした。それから寸暇を惜しんでホームレスから大学教授まで現地の人々と深く交流し、勉強し、半年以内にHSKの最高級を取得し、経済学部に入り中国語で経済学や金融論を学びました。留学を決めたとき、すでにその年の交換留学の申請受付は終了していたので、自費留学です。留学先で単位を取得することが、留学中の慶應大の学費半額免除の条件でした。そのため半年で中国語をマスターし、経済学部の単位を取得することは経済的な観点からも必達事項でした。

自由へのあくなき渇望。FIREへ

中学・高校・大学と、根底に流れているのは「自由」です。

抑圧されることなく、自由を謳歌し、個性を発揮することです。大企業に入った瞬間、いままで生きてきた世界とは180度異なる世界に入ったことを悟りました。

無難に、穏当に、正解とされる立ち居振る舞いが求められる減点主義の世界から自由を手に入れるために、経済的自由の獲得に向けて猛然と走り出します。

のちにブログ「三菱サラリーマンが株式投資でセミリタイア目指してみた」を立ち上げ、FIREまでの軌跡を赤裸々に綴るようになります。ほどなくして、読者から「あなたと同じことをしているアメリカ人がいる」と教えてもらいます。私と同じように経済的自由と自由な人生を求めて給与の大半(彼は7割)を株式にまわしている人がいるというのです。

私はそれまでセミリタイアという言葉を使っていましたが、ＦＩＲＥという言葉をこのときはじめて知ります。当時、私の知るかぎりこの言葉を使っている人は日本にいませんでした。

私がブログ開設から一貫して掲げてきた「経済的自由を得て、自由で主体的な人生を描く」という生き方は、まさしくＦＩＲＥに通じるものがあります。以降、ＦＩＲＥという言葉を用いて、この概念をブログとＳＮＳで強力に発信し続けます。私の考えるＦＩＲＥとは、「早期退職して働かないこと」ではなく、あくまで主眼は「自由と主体性」にあります。

給与の８割を投資へまわす鉄の方針

何度かのロスカット（損失確定）を経て、ＦＸで安定的に継続的に利益を積み上げることに限界を感じていました。ＦＸと株式投資の短中期取引を続けるなか、配当に着目します。

「配当ならば、①なにもせずとも定期的にお金が振り込まれ、②株式を買えば買うほど積み上げられ、③積み上げられることで「今日より明日、明日よりあさって」がよくなるという確信が持てることで継続のモチベーションも保て、④配当が生活費の何%かを知ることで経済的自由の達成度合いを表す強力な指標にもなる」
「配当を早く積み上げるには、いかに多くの資本を高配当株や連続増配株に投下し続けるかに尽きる」

そう思い立ち、毎月の給与の8割を投資へまわす鉄の方針が確立します。

「支出の最適化」「階段は資源」を提唱

給与の多くを投資にまわすには、支出を最大限におさえる工夫が必須です。節約という言葉は「ケチくさい」という後ろ向きなニュアンスがあり、私の考えるもっと前向きな支出行動とは相いれません。

あくまで自分の価値観に沿って、人生の満足度・経験に資するものにはお金を使い、そうでないものには使わないことを「支出の最適化」というポジティブな言葉として提唱しました。

支出の最適化には工夫が欠かせません。かぎりあるものをたのしく有効に活用するには工夫が必要なのです。工夫をするためには、日常で見落とされている価値を再評価することです。そう、階段です。そこらじゅうにありふれた階段こそ、無料で下半身と体幹を鍛えられ、脳を活性化させ、あらゆることに好影響をもたらす「資源」であることに気づき、「階段は資源」という言葉を提唱しました。


ＦＩＲＥの決意、自由な生き方への渇望、仕事の判断、お金の使い方、臨機応変な投資、情報のとらえ方、人への接し方、肉体的鍛錬、常識への疑い、これらを含む私の人生のあらゆる局面で助けとなったのは「主体性」でした。

「＃シンＦＩＲＥ論」は、30歳でＦＩＲＥを達成した私が、ＦＩＲＥを達成するために、考え抜き、実践したこと、ＦＩＲＥ後に体感し、試行錯誤して得た、「主体性を高める思考法」です。

私たちは生まれた瞬間から死に向かってひた走っています。
自分の頭で考え、自分で責任を持ち、自分で道を切り拓く。
そんなふうに生きることが、長い人生の主導権をみずからに帰することでもあります。

一度きりの人生をどう生きたいのか、今後どうしていきたいのか。
考えて、考えて、考えたぶんだけ道は開けます。意志あるところに道は開けるのです。

自らの意思で、望む人生をつかんでいきましょう。決して離さぬよう。

"Happy is the person who can take the initiative."
You have to seize it yourself.

COLUMN

投資の思考法

第5章

集中の思考法

――自らの頭で考えて考えて考え抜け――

第6章

常識の思考法

――世間体の呪いから自由になれ――

第7章

価値観の思考法

――唯一無二の「ものさし」を持て――

▒本書の内容の多くは、2023年2月までの情報を元に作成しています。本書刊行後、金融に関連する法律、制度が改正、または各社のサービス内容が変更される可能性がありますのであらかじめご了承ください。

▒本書は株式投資の情報も記載していますが、特定の銘柄の購入を推奨するもの、またその有用性を保証するものではありません。個々の金融サービス、その金融商品の詳細については各金融機関にお問い合わせください。

▒株式投資には一定のリスクが伴います。売買によって生まれた利益・損失について、著者ならびに出版社は一切責任を負いません。株式投資は必ず、ご自身の責任と判断のもとで行うようにお願い致します。

第1章

選択の思考法

――一度きりの人生、他人にゆだねるな――

修練

1

騒がしい声に反応しない「静観力」

みなさんは世間を賑わせているニュースや、ＳＮＳでの意見を目にしたとき、どのように受け止めるでしょうか。

私は目の前に流れてきたものを真正面から受け止めないように努めています。なぜなら、**現代は世間の騒がしい声や情報＝「ノイズ」にあふれている**からです。

「モノが行き渡っているので、無理やり需要を喚起しないとモノが売れない。でも企業はモノを売り利益を上げることを求められる」

先進国は、現代ならではの矛盾を抱えています。

この矛盾は、「あの手この手を使って人々の財布をねらう」という社会の歪《ひず》みを生みます。

モノは売れないので買い切り型ではなく「定額制サービス（＝サブスク）」という形で人々の財布をねらいます。財布だけでなく時間も消費されます。

ネットで無料サービスを提供する代わりに、ユーザーの個人データを得ようとするサービスもあります。

このような時代に、**「受け取るがまま・流されるがまま」に生きていると、お金と時間をいつのまにか奪われ続ける人生**になりかねません。

現代を悠然と泳ぐためには、「ノイズ」に左右されない五感による判断力が必要です。

騒がしく飛び交う
ＳＮＳの声に翻弄されるな

時間を奪われかねない、「ノイズ」に満ちた最たる例はＳＮＳです。

ＳＮＳは情報収集などに有用なツールである一方、使い方や距離感を間違えると時間だけでなく、精神力を吸い取られる薬物にもなりえます。

日々報道されるニュースに対して「飛び交う声」に、無意識に影響されている感覚はないでしょうか。大量のノイズにさらされているうちに、いつしか自分の頭で考える気力と意欲を失いがちです。

名誉欲や承認欲求に駆られ、フォロワー数やいいね数を増やしたいがためのツイートも散見されます。「私をフォローして、○○を学ぼう」、「私をフォローすると、○

○が得られます」。はたしてこの手の情報は、知的で有益なものでしょうか。

世の中、簡単に手に入るものは、表層的で浅い知識にしかなりません。自らの頭で考え抜いて手に入れたものこそ、深い思考や経験をともなった人生体験として蓄積されます。安直な情報を受け入れることは、その場しのぎの短期的なテクニックにしかならず、普遍的に通用する人生哲学にまで昇華されません。

人間は日常的に目にする情報から影響を受けています。SNSで情報を取るときも、日々接するに値する情報発信者なのかをシビアに見極めることです。

FIRE前の私は、FIRE達成という目標を掲げ、日々の葛藤、自由への渇望、投資や人生観などをSNSに投稿していました。

FIRE後は、注目度が増し、発信もやや慎重に。発信の影響力と人々の関心が過熱していると感じました。私が購入した投資銘柄をそのまま買う人もみられ、「この状態はその人々のためになるのだろうか」という違和感。この過熱感と違和感を冷やすべく、あえてSNSと距離を取りました。

関心や賞賛をいただくのはありがたいことですが、受け止め方を間違えて勘違いすると、本来の自分を失いかねない。つまり、「SNSは距離感を間違えると、無意識に影響され、自分を失いかねない」と感じ、ほどよく距離を置くようになりました。

フォロワーの多い友人も、「フォロワー数が少ないときのほうが自由に発言できてたのしかった」と語っていたことが印象的です。

「ポジショントーク」に疑問を持て

多くのことは、**自分の立場に都合のよいように発言**することに満ちています。

新聞などのメディアでは、中立的な報道というよりは、保守系、リベラル系など立ち位置が鮮明にわかれています。同じ情報でも報道の仕方が異なってきます。

テレビは**「スポンサーに都合のよい情報が発信されやすい構造」**であり、SNSでは**「インフルエンサーが自分の立場に都合のよい情報を発信しがち」**です。

正面から情報をそのまま受け取らずに、**「なぜこの発言をするのか」という物事のウラを見ることが大切**です。

メディアにかぎらず他業種も同様です。自社製品に悪影響となる研究結果をすすんで公表して売り出すことは考えにくいでしょう。「なぜこの宣伝文句にしたのか」というウラを見て、むしろ誇張された宣伝文句はないかと疑うべきです。

セールやキャンペーンの類も同様です。最初に大々的に宣伝をして、割引やポイント還元率を高く設定することは、顧客を囲い込むための常套手段です。「なぜこのタイミングなのか」を見極めることです。

「静かな判断力」でノイズを受け流せ

他人は他人、自分は自分

ＦＩＲＥを目指していたとき、「米国株はバブルだ」という見解を何度目にしようが、「配当を出す株は税金の関係で非効率ではないか？」という声を耳にしようが、「1日も早く経済的自由を達成する」という想いを胸に、自分の感覚を信じて、高配当株・連続増配株をひたすら毎月購入し続けました。

２０２1年には、「米国株最高」「米国株の利益で〇〇を買いました」といった、米国株に対する高揚感がＳＮＳで散見されました。

「相場が好調なんやな。ということは下落リスクをそろそろ意識してもええかもしれん」と、**周囲の高揚感に流されず静観し、状況を俯瞰しましょう。**自分の肌感でとらえる感覚が身につくと、「つみたて額を一時的に減らしてみようか」「一部利益を確定してみようか」といった自発的な行動につながります。

私自身、相場に過熱感を感じていたこともあり、２０２2年初めに大半の米国株を利益確定し、一時的に空売りに転じました。

「先見《せんけん》の明《めい》」を養え

仕事や人生において、「ことが起こる前に、それを見抜く見識」、想像力が肝要です。

投資でも同様です。金融ショックや暴落は、人々が身構える前に、突然起こります。2022年の円安や、日本銀行のサプライズ利上げもそうでした。平時から冷静に世の中の動きをとらえていれば、市場が行きすぎたときに利益を確定しておく、円安が進む前から通貨を分散しておく、といった備える行動につながります。

実際に下落局面を経験した場合。仕事が手につかないほど株式市場が気になるのであれば、投資額が総資産に対して多すぎる、リスクを取りすぎている、と客観的に物事をとらえます。

気持ちがざわつかない投資に調整することで、ろうばい売りを避けるなど、次の下落局面で冷静な判断を下せます。

不安とサヨナラ

「30歳で生き方を変えることに不安はありませんでしたか」

「この先、保険もなく病気や金銭的な不安などはありませんか」

FIRE後の取材では、このような質問をたびたび受けました。

お金に関しては、結局は自分が社会と関わる能力を備えておくことです。いざとなれば人の役に立つ知見や専門性、貨幣に頼らずとも土と種さえあれば作物を耕して生きていける生活力、といった備えをしておくこと。

「いつか大病に侵されたら」と憂いて過ごすのはもったいない。「これで病気になったらしゃあないな」と思えるだけの運動や健康的な食事などを日々積み重ねていれば、たとえ大病に侵されても悔いは残らないでしょう。

不安とは、**不確実な将来に対して生じる感情で「探せば探すだけ見つかる、キリのない実体のないもの」**です。

心穏やかな人生を歩むために、騒がしい声と距離を置き、内なる声に耳を傾けていきましょう。

修練 2

決断疲れを減らす「意志力の最適化」

決断疲れとは、意思決定を長時間繰り返した後に、決断の質が低下する現象をさします。

現代はテクノロジーの発達により、たとえ地球の裏側にいようと、瞬時に連絡できるようになりました。それにともない、ビジネスのスピードも飛躍的に増し、意思決定にも早さが求められます。機械化や情報技術の発達、利益主義の進展によって、以前よりも効率性や収益性が重視されるようになりました。

技術革新によって新たなITツールが開発されれば、そのツールを使いこなすための勉強がまた必要になります。業務量は増え、仕事で求められる質も高まる一方、それに比例して、求められる決断も難しさを増しているのではないでしょうか。

なぜ意志力を消耗してしまうのか？

決断には、日々の小さな決断と、人生の大きな決断があります。人生の大きな決断は自分や家族の価値観と照らし合わせて真剣に考えるので、疲れるのは自然なことでしょう。ここで言う決断とは、**日々の小さな決断**です。

人間の脳の処理能力にはかぎりがあります。**取捨選択を迫られたとき、意志力を消耗**します。

買いものに行ったときのことを思い返してみてください。

「この服にしようか、でもあの服のほうが値段は安い、けど質はこっちのほうがいいし…」となにかを買うときは悩むことがあると思います。

買いものが趣味でストレス解消の一策であれば別ですが、買うものを悩んだ後は、疲労を感じます。それは、決断するために意志力を消耗しているからです。

スティーブ・ジョブズが毎日同じ服を着ていたのは**時間の短縮に加え、意志力の消耗を抑える**というメリットもあるからだと想像します。

意志力の消耗を防ぐために私が実践している、**「意志力の最適化」**を紹介します（私が「節約」を言い換えた言葉「支出の最適化」と同様、意志力の「節約」ではなく、「最適化」という前向きな言葉を用いることにします)。

意志力の最適化①

「無の視界」を構築する

視界に入るモノが多いだけで、人間の脳は消耗します。視界にモノが多いと、脳はそれを認知し、気が散り、認知能力が分散します。モノを減らし、**「無」の世界を構築すること**で、「有」に集中できます。仕事机を綺麗にしておきなさい、とよく言われる所以《ゆえん》です。ぜひやってみてください。ストレスが減ります。

■机は「聖域」

職場のデスクにはパソコン以外、**本当に必要なモノしか置かないように**していました。いまでも自宅で仕事をする際には、まず目に入るものを減らしてから仕事をはじめます。**机を見たら〝大平原〟をイメージしましょう。**机はなにも置かない聖域なのです。

■PCのマドは開けるな、アプリは隠せ

パソコンのウィンドウを多く開いたままにすると、パソコンのメモリを食うのと同様に、人間の脳も消耗します。選択肢が多いため、探す手間が増えて疲れます。ウィンドウはできるだけ都度閉じる。アプリも使わないものは、画面から消したり見えにくい場所に格納します。ウィンドウの増殖にご注意。

■一目瞭然のファイル名で混乱と決別

ワードやエクセルなどのファイル名は、**一目で見て内容がわかる名前**にします。

「これなんやっけ？」が積み重なると、意志力を消耗します。

■モノの住処《すみか》を決めておく

テレビのリモコン、本や掃除機など、よく使うモノほど**置き場所**を決めます。

「どこ置いたっけ？」が積み重なると、意志力を消耗します。

■スマホのぴろ〜ん、通知オフ

スマホの音や振動でも意志力は奪われます。集中力が必要なときに、ぴろ〜んと鳴った瞬間、新たな情報への欲求をかきたてるドーパミンが放出され、意識がスマホに向かってしまいます。ぴろ〜んは要注意。

意志力の最適化②

よく使う？ ほな暗記せえ

たとえば、**クレジットカード（番号、有効期限、セキュリティコード）は暗記**しています。オンライン決済などで頻繁に入力する場面があるからです。正確には何度も入力しているうちに自然と覚えたのですが、覚える前に比べて、都度クレカを確認する必要がないので快適です。

意志力の最適化③

脳にスリスリ刷り込む

意志力が強くなければ、自分で自分を洗脳すればよいのです。

翌日の持ちものは前日に鞄に入れておく。当日は忘れものがないか点検する。すると、前日と当日で二重チェックになります。忘れものも減り、当日に焦って意志力が消耗した状態で持ち物を考える必要もなくなります。

ほかには、近日中にやるべきことはホワイトボードに書いて、自宅リビングや玄関ドアなど目につくところに掲げる。定期的に見返すことで、脳に刷り込みます。

意志力の最適化④

前にまわせ、後には決してまわすな

「後まわしにすると、ろくなことがない」

自分の人生でもう何度も何度も感じたことです。やらなければいけないことを後まわしにすると、その間ずっと**脳のメモリを占有**し続けて、意志力が消耗します。先に片づければ、なにより気分もよいです。

ただし、ケースバイケースです。たとえば、チャット感覚でメールを瞬時に返信すると、熟慮していたとしても軽々しい印象を与えることもあるので、案件によっては間を置くほうがよいこともあります。

意志力の最適化⑤

聖徳太子のマネしない

「俺2つのこと同時にできんねん」

そう得意げに話していた時期がだれしもあるかもしれません。**私です。**

物事を効率よく同時進行できていると思うのは、勘違いである可能性があります。

スタンフォード大学のクリフォード・ナス教授は、日常的にマルチタスキング

（同時進行で物事に取り組むこと）を行っている集団と、そうでない集団に認知テストを実施したところ、**マルチタスキングを行う人のほうが注意散漫になりやすく、集中するのが難しい**ことがわかりました。

2つ以上のことをやると、1つのことに集中したときの能率が10とすると、同時進行では5＋5や、4＋6どころか、3＋4や2＋4になるケースがみられるそうです。一見効率的に思えて実は非効率という研究結果が示されています。

意志力の最適化⑥

習慣化という脳への助け舟

電車で寝てしまっても、最寄り駅に着いたら急に目が覚めたことはないでしょうか。毎日その駅で降りているので、身体や脳に刷り込まれていて、無意識レベルで反応するためです。

朝起きたら顔を洗う、歯を磨くといった習慣も無意識レベルに近く、意志力はさほど消耗していないと考えられます。

・月曜の18時はプールで泳ぐ
・出社の際はエレベーターではなく階段を使って運動する

というように「これをしたら、これ」と決めてしまう。ただし、ルーティン化や習慣化は、発想の転換や改善点を見逃すことにもなり得るため、ケースバイケースであることも申し添えます。

以上、「意志力の最適化」実践例を挙げました。

コントロールできないことに意志力を割くと消耗します。コントロールできることに集中すると、決断疲れは改善していくはずです。ぜひ試してみてください。

修練

3

物事の本質を見抜く「ナナメの洞察力」

現代は情報にあふれています。

「これは知っておくべき」「そんなことも知らないの」

いまや誰もがいくらでも、いつでも、情報収集できるため、そんな言説が幅を利かせやすい時代かもしれません。

電車内を見渡せば、人々はみなスマホの画面にくぎづけという特殊な光景が広がっています。情報に接していないと、周囲や時代に取り残される——。

そのような焦燥感もあいまって、現代の人々は情報を収集するというより、情報に追われているのかもしれません。

言われるがままの「羊」にならぬよう

海外では、**「自分の頭で考えず、だれかに言われるがまま流される人」**を**「羊」**と揶揄《やゆ》します。いつの世も状況が変化したときに真っ先に淘汰されるのは羊です。情報があふれる現代において重要になってくるのは、**物事を真正面からそのまま受け止めず、ナナメから本質を見通す力**です。

たとえば、老後2000万円問題と聞いて、なにを思い浮かべるでしょうか。

A「2000万円も老後に必要なんだ」

B「そもそも2000万円という数字はどこから来て、どのように算出されて、どのような前提条件があるのだろうか」

Aさんは情報をそのまま受け入れたのに対し、**Bさんは情報の妥当性を検証**する作業からはじめています。

もし1年後に「2000万円ではなく、3000万円必要」という試算がメディアで報じられれば、Aさんはその数字に左右されるかもしれませんが、Bさんは前回自分で検証したことで、**3000万円という妥当性が判断しやすく**なっているはずです。

世界価値観調査（World Values Survey）では、世界各国と比べ、日本だけが「新聞・テレビ・雑誌」に対する信頼度が突出して高い数値を示しています。

米国・英国・ドイツ・フランス・イタリア・スウェーデンがマスコミへの信頼度30

%台以下であるのに対し、日本は60%台です。

海外と比べて日本の人々は、マスコミが発する情報をそのまま信じている、という結果を示唆しています。

情報は、発信者の見方によって「いかようにでも」変わる

そもそも情報とは、どのようなものかを考えてみましょう。

たとえば、高尾さんをA・B・Cの3人が見ているとします。Aさんは「慎重な人だ」と思ったとしましょう。しかし、Bさんには「決断が遅い人」に見え、Cさんには「思慮深い」と見えることもあります。

Aさん：慎重な人だ
Bさん：決断が遅い人だ
Cさん：思慮深い人だ

高尾さんの印象をＡさんにインタビューするのか、Ｂさんにするのか、Ｃさんにするのかで、高尾さんに対する情報の印象は変わります。つまり、**情報を発する人の見方によって情報は変形する**ということです。

事実は、無数にある

北海道の釧路は、企業や工場の撤退などが続き、人口が減少しています。私はＦＩＲＥ後に日本各地を巡っており、何度か釧路を訪れたことがありました。ＪＲ釧路駅周辺はテナントの入っていない古い建物が複数あります。そのひと区画を取り上げれば、往年の繁栄を知る人にとっては、少しさびしい印象かもしれません。

しかし、少し駅から離れた釧路町あたりへ行けば、活気あふれる場所があり、街を盛り上げようとする人々も多数います。釧路駅周辺を取材するのか、釧路町あたりを取材するのか。**同じ釧路でも、印象や論調が異なる情報**になるでしょう。

報道は事実を伝えることが基本ですが、**個々の事実は無数に存在します。**駅周辺を念頭とするならば「釧路がものさびしく感じる」というのも1つの事実。一方で、活気ある釧路町を念頭とするならば「釧路は活気にあふれている」というのも1つの事実です。

どちらも事実ですが、どちらの場所を取材するかで、釧路に対する印象がまったく異なることになります。

事実より「過熱した報道」であることも疑う

2010年頃、当時日本の報道では、中国20都市以上で尖閣諸島沖での漁船衝突事件に端を発した反日デモが起きたと盛んに報道されていました。まるで中国のあらゆる地域で反日デモが起きていると錯覚してしまうほど、日本の商業施設への投石シーンなどが何度も流されていました。

この報道があった頃、私は北京にいました。しかし、街を歩き、ほかの省へ旅行に行っても、デモを見たことはなく、普通の日常が広がっていました。一度、高齢の方が日本人に対し、カフェでいきなり激しい剣幕で罵っている現場を見たことがあります。しかし私が接してきた人々は、少なくとも表面上は普通でした。

報道との温度差を感じました。報道された内容そのものを否定するつもりはありません。実際にそのようなデモが、特定の地域で起きたのでしょう。しかしテレビ報道で受けた印象と、現地にいる私が感じた印象は、まったく違うものでした。

情報の本質を見抜くには、「カラクリ」を見る

では、情報の本質を見抜くにはどうすればよいでしょうか。

1つは、私たちの身近にある、**価格構造・収益構造を見ること**です。

なぜなら私たちは生まれながらにして資本主義社会で生きているからです。資本主

義とは、いわば現代社会を特徴づけるルールのようなものです。社会を見通すには、社会のルールからひも解くことです。

利益や効率が重視されやすい社会

社会を構成する重要な要素に、企業があります。企業というものは、「社会の公器」とパナソニックの創業者・松下幸之助《まつしたこうのすけ》さんが説いたように、社会の一員として社会的な役割を果たすことが本来の存在意義と言えます。

しかし資本主義経済、とりわけ新自由主義と呼ばれる**「市場競争を重視する概念」**を1980年代英米が経済政策に採用して以来、多くの主要国も追随しました。日本も小泉政権の郵政民営化に代表されるように追随してきました。

結果、グローバル化という名のもとに、企業は国内だけでなく、あらゆる条件が異なる他国と、世界を舞台に同じ土俵で競争するようになりました。企業は「公益性」という数字に表れにくいものではなく、「利益」という数字で比較されることが増えました。昨今ＣＳＲ（社会的責任）やＥＳＧ（環境・社会・ガバナンス）といった言葉が新たに注目されるようになったのも、それだけ**社会的責任ではなく、利益という数字が重要視されてきた**ことを物語っています。

株式投資も同様のことが言えます。「企業活動を通じて社会に貢献する」といった理念に共鳴し株式を買う人よりも、**利益という尺度で企業を見て、より高いリターンを得られる銘柄を買う人のほうが多い**のかもしれません。

企業の経営者も、株主などの利害関係者から利益と効率性を求められます。すなわち企業活動を担う社員にも利益と効率性が求められる縮図です。

つまり現代は、すっかり**利益や効率性といった数字が重視されやすい構造**です。そのような時代では、価格構造や収益構造に着目し、情報の本質を見抜くことが重要です。

「価格のカラクリ」を見る

たとえば、加入している生命保険があれば、どんな**価格構造**なのかを考えてみましょう。契約者が保険会社に対して支払う保険料は、純保険料と付加保険料で構成されます。

純保険料とは、加入者が将来受け取る給付金や保険金の支払いに充てられる部分です。

付加保険料とは、保険会社の運営経費です。つまり、人件費やテレビCMなどの宣伝費、実店舗の賃料などです。

この価格構造を知れば、「テレビCMで見かける保険は、広告費分を実は加入者が負担しているのでは」「実店舗のないネット保険ならば、同様の商品でも加入者の支払いが安くなるのでは」「間に入る企業が増えるほど人件費もかさみ、加入者負担が増えるのでは」「そもそもテレビ局ってどういう収益構造なのだろうか」といった考えにつながります。

「収入のカラクリ」を見る

テレビ局の収益構造は、大きな柱として広告収入があります。番組には自社の商品などを宣伝するスポンサー（企業）がいて、番組の合間にスポンサーのＣＭが流れます。スポンサーは宣伝枠を得る代わりに広告宣伝費としてテレビ局にお金を支払います。テレビ局にとっては、それが広告収入になります。よって、スポンサーの意向に配慮する動機がはたらきやすいでしょう。

「手数料のカラクリ」を見る

金融機関が売る投資商品も同様です。顧客目線ではなく、自社の利益を第一につくられた金融商品はこの世に多数存在します。

いままで私はブログに寄せられた資産運用に関する多くのご相談に回答してきました。売買手数料が3%、信託報酬が2%を超えるような手数料の高い商品を金融機関に薦められ、購入した人も多くいらっしゃいます。売買手数料を多く得るために、売買を繰り返すように顧客に勧める金融機関さえあるので、言われるがままに購入する方がいるのもじゅうぶんに理解できます。

しかし「手数料ビジネス」の収益構造を知っていれば、購入に際して危険信号を察知しやすくなるでしょう。

つまり、現代の価格や収益の構造、社会構造や時代背景などを知ることで、**「この商品を売る相手は、どういう原理で行動しているのか」**といったことに加え、「いま自分がどのような時代に生きているのか」を知ることもでき、情報の本質もとらえやすくなります。

関わる人の利害関係と、**発信者の意図**によって**情報はいかようにでも変わります。**

この２つの重要性をビンビン感じながら日々を生きていきましょう。決して羊になって飼い慣らされてはいけないのです。

第2章

遮断の思考法

―研ぎ澄ませて動物的五感を磨け―

修練

4

情報遮断して「幸福センサー」を高めよ

電車内、トイレ、お風呂。
常に片手に、スマートフォン。
知人と食事で料理待ち。
つい無意識に、ＳＮＳ。

川柳のようなリズムで失礼します。

現代は1日の多くの時間をスマホとSNSに費やす人が増えました。大阪の地下鉄は愛すべきおばちゃんたちの話し声に満ちていることもよくありますが、日本の電車内は基本的にみな静かにスマホを凝視しています。

先日、旅行先で訪れたレストランでは、若者４人が料理を待つ間、だれも一言もしゃべらずスマホを見ていました。事情があるのかもしれませんが、人々がスマホに支配されているとさえ感じた光景でした。

私もSNSで情報収集をすることがあります。ただし、**スマホやSNSは、人の時**

間を奪うようにできているメカニズムを承知しているので、意識的にだらだら見ないようにしています。テレビでの情報収集は、主に地上波ではなく政治・経済・社会を扱うBS番組などに厳選することが多いです。

毎日大量の情報にさらされ、振りまわされ、どの情報が正しいのかと右往左往しているうちに思考が停止していく。私たちはこの現代病とも言える「情報疲れ」をどのようにして防げるのでしょうか。

情報疲れを防ぐ4つの方法

おすすめは目的が明確な読書

SNSの登場によって、私たちに影響をもたらしたことは次の通りです。

- **だれでも情報を発信できるようになった**（誤情報も増えた）
- **他人の私生活が見えるようになった**（比較してしまう対象も増えた）
- **入手できる情報が増えた**（情報選別能力がより問われるようになった）

ＳＮＳやインターネットが登場するまでは、テレビや新聞、雑誌といった特定のメディアが情報発信や言論を独占していました。ところがＳＮＳによって、個人も発信力を持つようになり、資格や識見のない無名の個人でも、間違った情報でも、拡散さえされれば多くの人々に伝わるようになりました。フェイク・ニュースという言葉が一般化したことが象徴的です。**誤情報や不要な情報を拾わないためにも、情報は「受ける」のではなく、主体的に「取りにいく」**姿勢が大切です。

読書をおすすめします。ＳＮＳやテレビは、流れてくる情報を受け取るだけのスタイルに対し、本は目的や興味があるからこそ手に取ります。つまり本を読むことは必然的に「これを知りたい」「これを学ぼう」という目的意識があります。

本の制作過程では、出版社で企画会議が行われ、企画概要やテーマ、読者ターゲットなどが話し合われます。「本書を読めば、料理のコツがわかる」「本書を読めば、階段が資源に見えてくる」といった具合に、書籍のテーマと内容の骨子が明確です。

さらに出版物では、情報をわかりやすく整理し、校閲も入るため、ＳＮＳの情報ほど混沌としたものにはなりづらい構造です。つまり**読書は正確性も比較的期待しやすい情報収集**と言えます。

▨「自分リスト」をつくる

情報に振りまわされないためには明確な判断軸を持つことが大事です。

興味のあることをリスト化してみると、意外に気づけなかったことが見えてきます。たとえば「自然派で、あれこれ手を加えた加工品は好まない」という自分を知っていれば、手を替え品を替え**需要を喚起する目新しい新製品を見ても心は揺れ動きません。**新鮮なお刺身と醤油で満ち足ります。

資産運用でも、ＦＸ、仮想通貨、株式投資などでいろいろな投資対象を試した結果、たとえば「配当金を得て日々の楽しみを増やすために配当株に投資する」という方針が確立していれば、**「この投資手法が最強、絶対もうかる！」といった情報に煽られることもありません。**

SNSのメカニズムを知る

ＳＮＳはやりすぎ注意。時間がいくらあっても足りません。やるなら運営企業の犬になっていることを自覚したうえでやりましょう。

たとえば、２０２１年ツイッター社の売上高51億ドルのうち、89％（45億ドル）は広告収入です。つまり収益源はほぼ広告収入で占められています。同社がより多くの広告収入を得るためには、できるだけ多くの人が長くツイッターを利用することが望ましいことになります。

「このようなトピックにも興味はありませんか？」

「通知オフからオンに設定しませんか？」

あの手この手でユーザーの注目を集める設計になっています。ツイッターのアイコンをタップすると、小鳥が画面に現れ、少し間をおいてからアプリが起動されます。ゲームソフト「バイオハザード」でも用いられた手法です。すぐに次の画面を表示させず待たせることで、人間の期待や恐怖といった感情を増幅させる効果が期待できます。

最近では、あるときから突然、自分がフォローしていない人からのツイートも、「おすすめツイート」としてタイムラインに表示されるようになりました。ユーザーの利用時間を延ばすためでしょう。

ツイッターは**リスト機能の活用**が便利です。

まず広告表示がありません。さらに、自分がリストに加えたアカウントのみのツイートが時系列で表示されることに加え、リストを非公開にすることもできます。ユーザーの利用時間を増やすための「おすすめのトピック」などが挿入されることもありません（なお、通常のタイムラインでも設定を変更すれば、フォローした人のみが時系列で表示されます）。

ただし、ＳＮＳは即時性に優れているので「いまなにが起きているか」を知るには有効ですね。「あぁ…、企業の思うツボになってるんや…」とゾクゾクしながら承知のうえで活用するのも一興です。

いまあるものに感謝の心

ある60代の方がおっしゃっていました。

「いまの時代は便利だけど、大変だよ。インターネットやＳＮＳでだれかと比較できてしまう。昔は比較するものなんてなかった。近所の人以外、だれがどこでなにをしているかなんて、わからなかったから」

ＳＮＳの登場によって、身近な人や著名人、地球の裏側の人々の生活まで垣間見え、無意識に他人と比較する機会が増えています。

比較するから、不幸になる

世界一幸せな国として知られるブータンは、自国文化保護のため1971年まで鎖国政策を続けていましたが、近年テクノロジー化・近代化の波にさらされ、同国の幸福度は著しい変化がみられます。

2012年から毎年国連は「世界幸福度ランキング」を発表しています。世界の国と地域を対象とした調査で、アンケートに加えてGDP（国内総生産）、社会保障制度、人生の自由度や他者への寛容さなどの項目を加味してランキングが決められます。

ブータンは、発展途上国ながら2013年には北欧諸国に続いて世界8位となり、〝世界一幸せな国〟として認識されるようになりました。国民がみな一様に「雨風をしのげる家があり、食べるモノがあり、家族がいるから幸せだ」と答える姿も報じられたそうです。

しかし**2019年度版では156か国中95位と急落**し、以降ランキングから姿を消しています。興味深いことに、**インターネット普及率の上昇にともない、幸福度が下がっています**。幸福度ランキング上位だった2013年頃から、ブータンのインターネット普及率は大きく上昇。2012年まで15%台でしたが、2019年には50%台まで上昇しました。

衣食住があれば幸せ、と語っていたブータンの少女も、テレビやスマホを手にし、世界の人々の生活を知ったことで、これまでの生活に違和感を覚えたのかもしれません。

「ないものねだり」が幸せを逃す

私自身もＦＩＲＥした後ですら、「気をつけないと、どんな状況でも人は不満を持つ」と感じた時期がありました。それまでの自分からすれば、まさに望む環境を手に入れたはずです。油断すると理想的な環境さえも当たり前になって、感謝を忘れかねないのです。**「いまあるものへの感謝を忘れた瞬間に、不満が生まれる」**。そう感じ、以降強く意識するようになりました。

『凍《とう》』という、登山家の山野井《やまのい》泰史《やすし》さんを題材にしたノンフィクションがあります。作家・沢木《さわき》耕太郎《こうたろう》さんの作品です。物語のなかで、山野井さんの奥様で登山家でもある山野井《やまのい》妙子《たえこ》さんは、登山中に凍傷を負い、激痛をともなう手術に耐え、手足の指を18本失います。しかし箸や包丁をまた使うべく努力し、器用に使いこなせるようになったそうです。

　あるものへの感謝を決して忘れないこと。

「幸福センサー」を高めるには、流されるままに情報を受け入れない姿勢が必要です。

修練
5

テクノロジーを盲信する危機

21世紀を迎え、テクノロジーは急激に進歩しました。

いまや仮想空間でアバター（仮想世界の自分）を使って、デパートで買いものをしたり、卒業式を仮想空間で行うことまで考えられている時代です。

車移動も、道路地図を見る人は減り、カーナビが当たり前になりました。電車に乗るときも乗換案内のアプリを使い、目的地まで歩くときはグーグルマップ。ある意味、人間の行動をテクノロジーが規定しているとさえ言えるでしょう。

地球環境が悲鳴をあげないかぎり、今後も指数関数的に技術の進歩が続き、ますます日常生活に欠かせないものになっていくことが予想されます。

テクノロジーの進化によって、私たちの生活は便利になりました。家から一歩も動かずとも、食べものやモノが運ばれるサービスまで存在します。しかし**どんなに便利でも依存しないように**、という視点を持っておきたいところです。

テクノロジーを「理解する人」と「理解できない人」

テクノロジーの進化にともない、構造が複雑になってくると、高齢者や普段触れていない人々にとってなじみにくい存在になってきます。

つまり、**「一部の理解している人」**と、**「大多数の理解していない人」**に二分され、情報格差が生まれます。

現代では、インターネットで人々を簡単に誘導することができるようになりました。たとえば、ヤフーニュースで表示されるニュースは、ニュースによって表示時間が変わります。あるニュースはトップページに10時間表示され、あるニュースは30分だけ表示されることもあります。ほかにも、ツイッターで影響力のある人が多くのアカウントに呼びかけたり、運営企業の意向次第では、意図的に特定のニュースをトレンド入りさせ、影響を与えることも不可能ではありません。

つまり私たちは、裏でどのような原理でニュースの表示時間が選別され、ＳＮＳのニュースがどのようにトレンド入りしたのか、**真偽を確かめるすべがないままに表示されるものを目にしている**のです。

興味や好奇心をもって調べてみると、自分なりにニュースの背景をとらえることができます。その結果は、メディアで語られる内容と異なる可能性もあります。しかし、自分で調べずにただメディアの情報を受け入れるだけでは、**メディアに「支配」されることと同じ**なのです。

テクノロジーを過信することの危機

私自身、カーナビを信じ切ったことで肝を冷やしたことがあります。山梨県から高速道路で八王子経由、神奈川県に向かう途中のことです。

出発当初は、中央自動車道の八王子ＪＣＴで圏央道へ乗り換えるルートが提示されていました。しかし誤作動なのか、突如八王子で高速を下りるルートに変更され、下りてみるとルート案内が急停止したのです。仕方なく目的地を再度入力すると、今度はなぜか中央道に向かうルートが提示され、私はよく確認もせずカーナビのとおりに車を走らせた結果、新宿方面の中央道に乗ってしまったことがありました。関東の土地勘がない人向けに要約しますと、カーナビのとおりに行った結果、誤作動らしきエラーを起こし、結局は大きく迂回することになり、目的地に30分遅れで到着したのです。カーナビに原因を求めることは簡単ですが、そもそも自分に原因があります。およそのルートを道路地図等で頭に入れておけば、このようなことは起こらなかったはずです。カーナビを過信していたからこその失敗でした。

もう1つ、北海道で、残雪がある状況で運転していたときのことです。高速道路で自動運転モードにしていました。自動運転には白線をセンサーで認識することで位置を把握する技術があります。

ところがちょうど白線に似た形状で、1本の雪の筋ができていたのです。車がその雪を白線と認識したからか、一瞬、急ハンドルとなり車体が大きく揺れ、非常におどろいたことがあります。即座に自動運転を解除しました。

私の世代は、幼少期からデジタル機器に親しみがあるがゆえに、過信しやすい傾向があります。対照的なのは私の親世代です。カーナビに懐疑的で、カーナビが示すルートをかならず疑ってかかる人もいます。テクノロジーを過信しない姿勢は見習うべきところが多々あります。

テクノロジーの発達は、人間の生活を便利にも豊かにもしてくれる一方で、**人間側が主体的に適切な距離感を探っていく**必要があります。**便利な商品の裏には「調べる動機がおきづらい」**という裏もあることを頭に入れておきたいところです。

自然とのふれあいが、デジタル社会の特効薬

デジタル化が進む現代で、**重要性が増していくものは自然**であると確信しています。テクノロジーがいくら進化したところで、人間の根本的な性質は変わらないからです。

都会と田舎、それぞれよさがあり、私はどちらも好きです。ただ都会に住んで感じたことは、便利で住みやすい一方で、災害やライフラインの寸断などの有事の際には弱いということです。

都会になればなるほど、田舎にはよくある井戸水や湧き水といった自然資源がなくなります。水道水が止まると、田舎と比べて一気に水が使えなくなります。

食料も、なにか起これればすぐコンビニやスーパーが品切れになります。しかし田舎では、土地も広く、家庭菜園ができるだけのスペースは確保できます。

私はＦＩＲＥ後に1年間農家で働き、稲作・畑作・果樹栽培など農業を学びました。人間としてのサバイバル能力を身につけたかったからです。つまり、土と種さえあれば食べものを自分で調達できるようにしておきたかったのです。そして、薪ストーブを備えたり、湧き水が近くにある地域で水と火を確保できる住環境を構築しておくこと。それが生きていくうえでの究極のリスク管理になるからです。

現代はメンタルに不調を感じる人も多いでしょう。自然から離れて暮らす人が増えたことと無関係だとはとても思えません。

私は登山が趣味で、よく山に行きます。とくに仕事に追われていたサラリーマン時代は山へ行くと、**「自分は動物である」**ことを気づかされました。

木々の息吹を胸いっぱい吸い込むと、身体が軽くなり、本来の生物としての感覚を取り戻したかのように、山を登るどころか駆けていくような感覚になります。周囲に物音がすれば、動物として五感が急に鋭敏になることがよくわかります。

人間という生物としての幸福を求めるならば、自然と切っても切り離すことができないと思います。鳥のさえずりを聴けば心地よく感じます。海の波音を聴けば心が安らぎます。木々の匂いをかげば、癒されます。

テクノロジーが進化すればするほど、都会化が進めば進むほど、**人間という生物にとって、自然の重要性は増す**はずです。

修練

6

脱社畜のための思考法

現代では、「社畜」という言葉を目にします。

社畜とは、**「会社に飼い慣らされ、自分の意思と良心を放棄し、サービス残業や長時間勤務もいとわない奴隷と化した賃金労働者の状態を揶揄、あるいは自嘲する言**

葉」とされています。なかなか刺激的なワードが並んでいます。

私の前著には、**「豚舎（とんしゃ）」**という言葉が登場しました。

私が当時会社員として勤めていたのは大企業で、「普通でいなければならない」という空気、無難に型通りふるまうことがよしとされる文化に、猛烈な息苦しさを感じていました。自分らしさを解き放ち、のびのび過ごした学生時代とのギャップが大きかったのだと思います。**毎日決められた時間に出社し、昼休みに1時間だけ行動の自由を得られ、夜遅くまではたらき、帰宅後も土日も業務に追われる自分が、いつしか豚舎に通う豚のよう**

に思えたからです。そのような自分の状態を揶揄、自嘲してみずからをトン（豚）と呼んでいました。

私のツイッターアカウントは@FREETONSHA、ブログURLもfreetonsha.comです。いずれもTONSHAというワードが入っています。

当時いかに、その状態に対して強烈な違和感を持っていたかが表れています。「自分はこうなるためにいままで生きてきたのか？　いや、ちがう」と。決められたことをこなすのではなく、自分でやることを決めて、主体的に自由に生きたかったのです。そしてその状況を手に入れて気づいた、私なりの脱社畜というテーマを論じていきたいと思います。誤解なきよう申し添えますと、サラリーマンという働き方や会社自体を否定しているわけではなく、会社には貴重な経験をさせてもらったことに感謝しています。

年間総実労働時間・所定内労働時間の推移

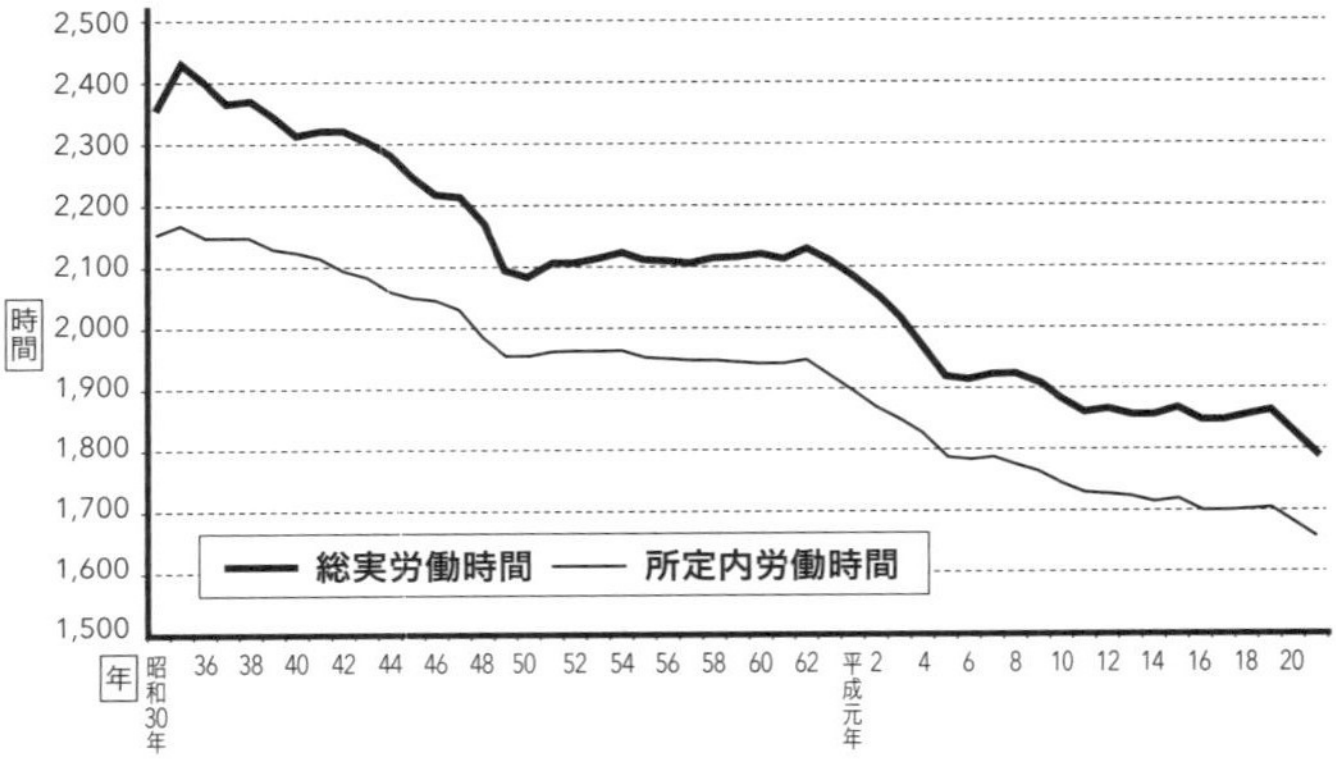

資料出所　厚生労働省「毎月勤労統計調査」
注1：事業所規模30人以上。
注2：数値は、年度平均月間値を12倍し、小数点以下第1位を四捨五入したものである。
注3：昭和58年以前の数値は、各月次の数値を合算して求めた。

「社畜」という言葉が生まれた時代背景

脱社畜を論じるためにも、まず社畜という言葉が登場した時代背景を考察します。

社畜という言葉は、多くの場合**「長時間労働」**とセットで語られます。ときに、「サービス残業」というニュアンスも含まれます。

では長時間労働は現代だけに起きたことでしょうか。いいえ、昭和30〜60年代頃の経済成長期も長時間労働です。むしろ**その頃は現代よりも**

労働時間が多かったと言えます。

残業は当たり前、そもそも週休2日制ではなく、土曜も午前中は勤務することが一般的でした。

しかし当時、社畜などという否定的なワードが広がった形跡は見当たりません。むしろ好意的にとらえていた節さえあります。当時有名だったCMでは、軽快な音楽とともに、威風堂々とスーツ姿に身をまとった男性が元気はつらつと「24時間戦えますか」と歌っていました。動画投稿サイトのコメントには、「この時代なら24時間はたらける」というものもありました。現代で同じCMを流すと、多くの人が違和感を感じることは想像に難くありません。時代背景が異なるのです。

では当時の経済成長期と現代で、なにが異なるのでしょうか。

経済成長期は、働けばお金が増えた

経済成長期は、与えられた仕事をこなしていれば、いずれ昇進や昇給が約束され、終身雇用、年功序列が機能していました。**「労働時間が長い＝利益・給料がアップ、モノの豊かさも手に入る」**が成り立ちやすかったと言えます。

なぜなら、**人口は増え、国として成長期だった**からです。

成長期は物質的に貧しいため生活向上に燃え、ハングリーさや労働意欲が高まります。人口が増えれば需要も増えるので、働けば働くほど、商品をつくればつくるほど、売れました。売上が伸び、会社の利益や社員の給料も右肩上がりでした。

一般家庭に車や家電が普及し、目に見えて豊かになる実感も持てました。会社に尽くし、長時間労働をしても、それに見合うものを得やすく、「自分が部長になる頃には、いま部長が得ている給料より多くなるだろう」という希望すら持ちやすかった時代です。

社会全体として経済成長が実感できる時代でした。近年の中国がまさにそういった成長期でした。私が留学や仕事で関わってきた中国の人々は、まさに「今日より明日、明日より明後日がよくなる」と確信し、社会に活気が満ちていました。

現代ははたらいてもはたらいても、〝甘い果実〟は得がたい

対して現代は成熟期です。**「はたらいても給料はたいして上がらず、モノはあふれ、目に見えて豊かになる実感や確信を将来的に持ちづらい」**時代です。

人口減少時代であり、サービスや商品があふれても、売れるわけではありません。むしろモノは行き渡っているので、高度成長期のように「洗濯機が買える、日々の生活がラクになる！」といった劇的な変化や期待は持てません。「ミニマリスト」という生き方が流行ったことが象徴するように、あまりほしいモノがない人もいます。モノを増やすどころか、「あふれたモノの減らし方」がコンテンツにさえなる時代です。

社畜がすべきこと

転職などすぐに行動に移せない人は、次のような行動で閉塞感が改善されるかもしれません。

■客観性を持つために、記録する

何月何日にどんなことが起こったか、どう思ったかを記録してください。のちに振り返ったり、家族や友人に見せることで客観的な意見も聞けます。

社畜とは、自分の状況が客観的に見えなくなっている状態です。本来の自分とのギャップを認識するために、客観視が大切です。

■ブログやツイッターで発信する

ほかの社畜に勇気を与えたり、収入になることすらあります。私がブログをはじめた理由の１つは、**「世の中にはこんなトン（豚）もいる」**ということを示し、同じような状況で頑張る人に勇気を与えることができれば、という思いからです。結果的に、ブログ収入だけでなく、読者とのかけがえのないご縁につながりました。むしろ私が読者から勇気をもらいました。

ほかの社畜を知る

ほかの社畜の意見や発信を参考にし、**自分の社畜レベルがどの程度なのかを把握**しましょう。上司から愛のある「ご指導」を受けているのか、人格を否定されているのかなど。案外、恵まれた環境にあることにも気づけるかもしれません。

愛のあるご指導ならば、10段階で社畜レベル２ですが、度重なる人格否定は社畜レベル10です。いますぐ逃げてください。自分を守りましょう。

旧友に会い、〝洗浄〟する

会社以外の友人・恋人・家族と頻繁に会ってください。

とくに学生時代の友人は、**本来の自分を思い出させてくれる最高の仲間**と言えます。当時旧友に会うと、「そういえば自分って、本来こうやったなぁ」と深く感じたものです。

人間は、属する組織に染まりやすく、無意識に洗脳されていることさえあります。友人が過酷な労働環境のブラック企業を辞めることを上司に告げたとき、「おまえ、ここよりいい職場ねぇぞ」と真顔で言われ、より決意が固まったそうです。「ゆでガエル」のように人間は慣れていきます。**沸騰してやけどする前に洗浄**してください。

心の声を聴く

後悔なき人生を歩むために、私が大切にしていることです。

自分と他人は異なる人間である以上、考え方から受け止め方まで異なります。食生活、資産運用の方法、はたらき方など、あらゆることにおいて、他人に適したものが自分に適するとはかぎりません。

会社の文化も同様に、「よいか悪いか」という観点より、**「自分に合っているのか」**

「心が悲鳴をあげていないか」という観点で、心の声を丁寧に聴いてあげることです。

以上、社畜という言葉が生まれた時代背景・社会的背景をひもといたうえで、社畜がすべきことを挙げました。自分の状態をまずは客観視して、脱社畜（脱トン）や、自分が輝ける場所を目指しましょう。

第3章

対人の思考法

―利他の精神で心地よく生きる―

修練

7

人は一面ではなく多面的であるという話

みなさまにお聞きします。

「私はこの人のことは理解している」と思う相手はいるでしょうか。

夫や妻、恋人のことなら、「私は理解している」と思うでしょうか。

両親や子ども、親友、会ったことのない推しアイドルに対して「私は理解している」と思うでしょうか。

私は「理解している」と思える相手は、この世に0人です。

他人を理解できていると思うこと自体が、尊大な考えではないかとすら思っています。

なぜなら、**人は多面的であり、相手が自分に見せている姿は、100あるうちの一面でしかない**からです。

社会人になって、「彼はこういう人だ」とレッテルが貼られていく光景を目にし、「たった一面で、人格を判断される」と感じたことがありました。

私は人と接するときに、**「相手は、ある1つの姿を、いま自分に見せているだけ」**と思うようにしています。自分の世界の枠に当てはめて、相手をわかった気になることは慎むべきだと思うからです。

自分自身も、多面性がある

人が多面的であるならば、当然、自分もいろんな顔を持っているはずです。

私も、場面や状況、相手によって、見せる姿は異なります。

友人や家族の前では、相手を笑わせようと、おちゃらけて冗談ばかり言うコテコテの関西人。

SNSやブログでは、硬い文章も多い、ストイックでまじめな雰囲気の人間。

冗談ばかり言っていた職場もあれば、まじめ一辺倒だった職場もあります。

本の執筆では、哲学や理念、社会的な意義を重視します。本の執筆は、「社会に貢献するための活動」ともとらえているからです。WEBの連載コラムでは国家論を述べることもありました。

「おちゃらけた一面」「ストイックでまじめな一面」「社会的な意義を考える一面」。

すべて自分の「一面」であり、すべてそろって1人の人間です。

よこしまな自分に気づいたら「洗浄」せよ

会社員の自分、親の自分、夫や妻に対する自分、個人としての自分、いい顔をする自分。人間ですから、よこしまな考えを持つ自分も、ときには存在するはずです。もし「よこしまな考えを持つ一面」が現れたら、**どのような場面でその一面が顔を出すのか**、注意深く観察してみてください。

たとえば会社という組織は、よくも悪くも競争社会です。

会社員時代、このままでは「打算的で、自分さえよければいい」という考えの人間になってしまうのではないかと、危機感を持ちました。打算的な行為を日常的に見ているうちに、いつしか自分も影響されるかもしれないと危惧したのです。

人間は日常的に接している環境や人間から、確実に影響を受けています。しかも自分では気づかない。私は定期的に友人や社外の人々と意識的に会うようにし、**「洗浄」**していました。**本来の自分や以前の自分を思い出し、ズレが大きくなる前に修正**するのです。

社会では、**仮面をかぶることも必要**です。しかし、人間は「慣れる」生きものです。かぶりすぎると、仮面をつけている自分が本来の自分かどうかすら、わからなくなります。**1秒でも、自分らしくいられる時間を意識的に設ける**ことが大切です。

夫婦でさえ、相手の本当の姿はわからない

カンヌ国際映画祭脚本賞やアカデミー賞国際長編映画賞など、数々の賞を受賞した「ドライブ・マイ・カー」という映画があります。小説家・村上春樹《むらかみはるき》氏の著作を原作としたものです。

本作には主人公である夫と、その妻が出てきます。夫婦関係は円満に見えて、妻が複数のほかの男性に身を委ねるシーンが描かれています。

心の奥底に秘めていたものがあったのかもしれません。刹那的な生き方をする人だったのかもしれません。

いずれにしても、単なる「浮気」という表層的な言葉で片づけられるものではない、人間の奥行きと複雑さを表現していると感じました。

もっとも理解があり身近な存在であるはずの妻が、自分の知らない姿を他人に見せていることもあるということです。

配偶者のことでさえ本当のところはわからないのですから、他人を理解することはいかに難しいかということです。

理解できない相手を認めるには？

「自分の世界観のなかに、相手が当てはまらない」から、「相手を理解できない」と思うのです。

- **理解できる　＝　自分の世界観に概念がある**
- **理解できない　＝　自分の世界観に概念がない**

たとえば、顧客第一で仕事に真剣だからこそ、部下に求めるレベルが高くなり、言い方がきつくなってしまう上司を知っていれば、言い方がきつい人に対して拒否感は感じにくく、内容に集中する意識がはたらくはずです。

「練習で真剣にやれない人は、試合で絶対に真剣にやれない」という理念で、何事も全力で取り組む体育会系の友人を知っていれば、体育会系の同僚に苦手意識は先行しにくくなるはずです。

「ＦＩＲＥを達成した人がいる」ことを知れば、自分の世界観にＦＩＲＥという概念と現実性が加わります。経済的自由を得る方法や実現性を身近に感じやすくなります。

いろんなタイプの人を知り、交流することで、度量と世界観が広がり、**人間関係を楽観的にとらえることができる**ようになります。

相手の立場を想像し、100の背景を知る

『ライオンのおやつ』という、2020年の本屋大賞第2位に選ばれた小説があります。

本作の一節に、ホスピス（終末期患者向けの医療施設）で、がんの末期患者が「食べたい」と希望していたデザートが運ばれる場面があります。

しかしそのデザートを希望した本人は、運ばれてきても食べずに、じっとデザートを見つめているだけ。主人公はその光景を見て、「希望していたのに、なぜ食べないんだろう」と不思議に思っていました。

しかしいざ自分が末期患者になると、どれだけデザートを食べたくとも、身体が食べ物を受けつけず、食べられない状態になることを知ります。

そこではじめて、「あの人は食べなかったんじゃない。食べられなかったんだ…」と深く悟ります。

その人の立場に実際に立ってはじめて見えてくることがあります。ですから、「彼はこういう人だ」と決めつけたり、自分が知る世界観だけに当てはめることは、慎まなければいけないと思っています。

人間は複雑であり、単純な生きものではありません。

トラウマや葛藤、何百という体験の積み重ねが裏にあって、言葉や行動に表れています。ほんの1ピースを見ただけで他人を見透かすことなどできません。相手に想像力をはたらかせることは、思いやりだと思うのです。

多様な人間性を学ぶには？

「不二《ふに》」という仏教の言葉があります。2つに分断されているように見えて、実は1つであるという意味です。人間関係にも言えると思います。

相手も自分と同じように痛みを感じる人間です。相手と自分は別物ではなく、不可分の1つである、つまり**「相手＝自分」**と考えれば、仕事相手へのメールや声がけ、パートナーや家族への声がけをするときに、相手の気持ちに寄り添えるのではないでしょうか。

パートナーに対して、自分の言いたいことだけを伝えることが減ります。忙しい仕事相手の状況を想像して、メール内容に配慮します。

想像力をはたらかせるには、**多様な人間性を知り、「人を毛嫌いしないこと」**に尽きると思います。「この人は嫌い」と脳が判断すると、否定的な見方しかできなくなります。自分が相手を嫌うと、相手は嫌われていることを察知して、今度は自分を嫌います。その時点で、多様な人間性を学ぶ機会を失います。

人は十人十色だからこそ、おもしろい。多様な人間性に対する理解を、好奇心を持って積み上げる。そうして、心地よい豊かな人間関係につながります。

修練

8

不毛な「マウント合戦」から決別せよ

「仕事&プライベート充実アピール」「異性関係の経験が多い」「著名な知り合いが多い」「学歴が高い」「ＳＮＳの数字が多い」、などと、何気ない会話のなかで繰り広げられるマウント合戦。だれしも一度はげんなりした経験があるかもしれません。

男同士の「猿山マウント合戦」

男性主体の組織では、定期的に**「猿山マウント合戦」**が開催されます。

動物園の猿山のように「おれのほうが強いぞ！」と相手に示威《じい》する行為です。

いままでの人生で、受験戦争や就職活動などの狭き門を勝ち抜き、プライドが高いほど合戦は熱気を帯びます。悪気があるかは別にして、のし上がるためならば人の揚げ足を取り、部下の尻尾を切り、後輩を蹴落とすこともいとわないプロ魂を見せるサル（またはトン、あるいは人）も

います。

私自身も、飲み会の場で、目の前の人が肺いっぱいに空気を吸い込み、もともと厚い胸板と鼻の穴をさらに膨らませ、なにも言わずに胸を張られたこともあります。情熱的に求愛されているのかと思いました。

マウント合戦の開催は、**男性に備わるある種の「闘争本能」**に似たものがそうさせるのでしょう。ですから、この現象自体はもはや仕方のないことだと思います。もともとマウントしない人でも、組織にいるうちにいつしかマウントするようになった人もいます。

虚勢を張り、強い自分を見せ、相手を威圧する——。

そんな周囲のマウンティングから自分を守るために、みずからも強い自分を周囲に見せる。この防衛本能がさらなるマウンティングの連鎖を引き起こすのかもしれません。

マウントをとられた場合のフェイドアウト法

笑顔のお面をかぶる

マウントされるということは、「あなたは同じオスとしてマウントに足る存在である」、つまり「オスとしての価値を認めています」と、**相手から親愛なる告白をされているようなもの**です。取るに足らない存在の人にはマウントする発想すら起きないでしょう。ですから、理屈としては喜ばしいことです。つまり、笑顔です。**笑顔のお面をかぶります。**笑顔で受け止めきれなければ、微笑をたずさえてきれいに後ずさりしましょう。人生は短いのです。

〝冷静と怒り〟のあいだ

上から目線でマウントしてくる人に対して、さらに上から見下ろそうとすると、ぶつかります。悪循環です。

マウントを取られると、カッとなって思わず言い返したくなることもありますが、冷静と怒りのあいだの適温ですり抜けるのです。

そもそもマウントされているか？ を疑う

相手はマウントしている気がなく、自分が卑屈にマウンティングだと受け止めてしまっている可能性があります。あるいは、自分の未熟さを指摘され、その事実を認めたくないがゆえに「マウンティングされた」と自分を守るために意図的に曲解している可能性すらあります。

相手の本心を見定めるには、普段から冗談を言うのか、プライドが高いのか、自分以外の人にどう接しているのか、同僚からはどう見られている人なのか、など多面的に判断する必要があります。

群れるな、孤高であれ

対処しても逃げ切れない場合は、集団から距離を置くことです。私はＦＩＲＥして、「ついにこの不毛なマウント合戦から距離を置くことができる…」と、ほっとしたことを覚えています。こちらはまったく張り合うつもりや競争するつもりがなくとも、いつもだれかが同じ土俵に上がってきて、張り合ってきます。

組織にいたとしても、孤高でいいのです。人が集まっているからといって群れる必要はありません。**群れるとマウント合戦が勃発する確率は高まり、周囲と協調するばかりに、個性や主体性が失われる**こともあります。

人との関係性は、数ではなく「関係の深さ」だと私は思います。

時間は有限なので、数を増やすと、どうしても浅く薄くなります。表面上の浅い人間関係より、率直に言い合える仲のほうが実り多き時間を過ごせます。当たり障りのない話題に終始しやすい多人数よりも、少人数や1対1のほうが話せることは増え、お互いの色も出せます（私が1対1を好むことから、同僚からは「イチイチ（1対1）の穂高」と呼ばれていました、ホタカワールド全開です）。

組織にいれば、ときに競争ははげみになりますが、消耗します。人生においては、人と比べず、張り合わず、独自性と主体性を磨くことが大事だと思います。

修練

9

「苦手な生きもの図鑑」をファイリングしよう

仕事をしていれば、1人ぐらいは苦手な人がいるかもしれません。
しかし、「この人は苦手な人だ」と決めつけて、距離を置くのはじつにもったいない。
貴重な学びになる可能性があるからです。

「人間タイプ別」の生きもの図鑑をつくる

サラリーマン時代、「海外案件に関わる者に土日はない、24時間はたらけるか」という考えの上司がいました。

まさに24時間体制、夜中でも携帯が鳴ればすぐ対応を迫られることもありました。週末も常に連絡が取れる状態にしておく必要があり、休暇どころではなく、寝ているとき以外は仕事一色で常に張りつめていました。

そんな状況もあいまって、上司に対して「仕事人間」「仕事という世界観しかない」といった苦手意識を抱いていました。

しかし振りかえると、「仕事に全力を尽くす人」という逆の見方もできたはずです。

苦手に感じるということは、自分の頭にある**「生きもの図鑑」のラインナップ**に登録されていなかった証です。そんなときは絶好のチャンスです。

「この上司は、どんなタイプの人なんやろ？」

苦手な人でもなめるように人間観察し、タイプ別にわけて図鑑の中身を充実させちゃいましょう。図鑑が充実するほど世界観が広がります。苦手意識を持つ人が減り、人の気持ちを想像しやすくなります。苦手な人に遭遇することは、図鑑と世界観を充実させるチャンスなのです。

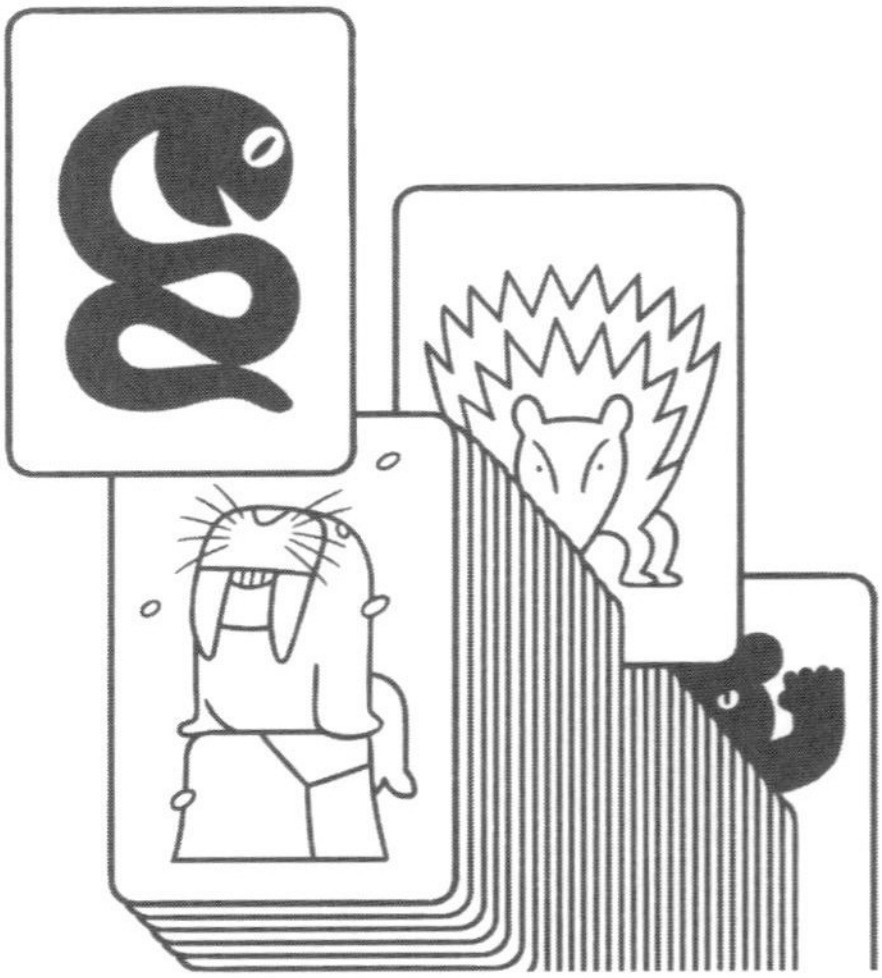

他人はさほどあなたを見ていない

そもそも上司と部下は、仕事に対する考え方が違っていて当然です。上司は部署全体を見ているのに対し、部下は自分の担当業務を見ています。上司の行動が理解できないとき、自分が上司である場合をイメージしてみます。自分の業務は自分1人の作業ですが、上司は何人もの部下を担当するため、部下1人ひとりの状況は細かく追いきれないうえに、上役の意向も意識します。

よく祖母は、こう話していました。

「他人さんはあんたが思てるほどあんたのこと見てへんで（笑）」

「相手は自分の現状や業務をさほど把握していない」という前提に立ち、まずは相手と現状を共有する姿勢が重要だと思います。

コミュニケーションの齟齬や理解の違いは、往々にして出発点からずれています。上司と部下は、視点や立場が異なるので、溝が生まれるのはむしろ自然であり、**その溝を自分が埋める姿勢を持つこと**が大切です。

主張の強い人の裏にはコンプレックスあり

自分の考えばかり主張し、自分の話ばかりする人もいます。自分の正当性に自信があるようで、実は寂しがり屋、自分を認めてほしい人かもしれません。**ある種のコンプレックス**です。

相手のコンプレックスをやさしく包み込むと、「理解してくれる人が現れた」と心を許します。人は理解されたい生きものです。**話を聞いて、相手への理解を深めること**です。

私が留学中に、日本企業の現地法人に勤める駐在員が集まる会に参加したときのことです。何人かの駐在員が口をそろえて「君さ、目を輝かせながらたのしそうに話を聞くよね。どんどん話したくなっちゃうんだよ」と言われたことがあります。私は当時大学生で好奇心が強く、興味を持って話を聞いていただけだったので、「たのしそうに話を聞いてもらえるとそんなにうれしいものなのか」と感じたものでした。

自己改善で“ネガティブ心”を昇華せよ

サラリーマン時代、英語と中国語を使って仕事をしていました。相手が中国人のときは、中国語を使っていました。ところが部署に配属されて間もない頃、「周りの人が理解できないから、中国語を使ってはいけない」と同僚に言われたことがあります。「せっかく中国語をいかせる機会やのに、なんでやねん」と同僚に対し、苦手意識が芽生えたことがあります。

しかし、のちに思いました。

「中国語ができることを鼻にかけていた節が自分にあったから、同僚の鼻についたのかもしれない」と。

むしろ周りが感じていたことを、忠告してくれたのかもしれません。本当のところはわかりませんが、当時の自分は未熟であったことに違いはありません。

相手に原因を求めず、自分が改善に努めるほうが、**ネガティブな感情を昇華でき、建設的**なこともあります。

違いを認めないと相手は「貝」になる

自分の価値観ばかり押しつけていると、相手は自分の考えを言わなくなり、コミュニケーションが機能不全におちいることもあります。

親が娘に対し、「女性とはこうあるべき」といった女性像があり、茶道やピアノなどを親主導で習わせ、親が理想とする「おしとやかな女性」に育てようとしたとします。「自分は親の理想とする女性像から、かけ離れている」と子どもが気づいたとき、親の前で本当の自分を出せないでしょう。また、親が子に対して学歴を強烈に求める姿勢であれば、本当はその方針に沿わない考えを持っていても子は言いだしづらいでしょう。

いろいろな人々を見てきて思うのは、「幼い頃に抑圧されたものは、大人になって強烈な渇望に姿を変える」ということです。スナック菓子を禁止されていた子どもは、大人になって自由に買えるようになると、スナック菓子を偏食する人もいます。子は親に対して手を替え品を替え、何度も「本当はこうしたい」とサインを出します。そのサインから目をそらし、抑圧し続けると、子は貝のように口を閉ざし、いつかなんらかの形で爆発してしまいます。

夫婦関係でも同様です。
夫が、妻に対して大手ニュースサイトで情報収集するよりも、もっと権威性のあるメディアで情報収集したほうがよいと思っていたとします。
妻に対して大手ニュースサイトで情報収集するなんて、という論調で、妻の考えを否定していると、妻はそのサイトで得た学びがあっても、夫に共有しづらくなっていくでしょう。

なにを話しても受け入れてくれる人と話すのはたのしいものです。話したいこと、共有したいことが増え、心地よい関係が築けます。

その点を、私は親に大変感謝していています。私が異なる考えや価値観を持っていても、「へえ、おもろいやん」といつも興味を持って聞いてくれていました。私はいまでも、基本的に親にはどんな話題でも話します。親とたくさん話すからこそ、親という人生の大先輩から多くを学べます。

遺伝子が異なる以上、人間同士は違っていて当たり前です。

気の合う人間、価値観の合う人間ばかりの世界は、案外平穏すぎてつまらないかもしれません。**苦手な人間もときにスパイスになる、と考えるのも一興**です。

違いを認め、自分と異なる人間をおもしろいと思う好奇心こそが、多様な人を引き寄せ、結果的に人間としての幅を広げるのだと私は思います。

修練

10

相手の心を開く「傾聴力」

「外向的な人は社交性に長けている」と言われることは多いですが、心地よいコミュニケーションを取れる人は、外向・内向にかかわらず、「人の話に耳を傾ける」ことのできる人ではないでしょうか。

聞き上手の極意①

質問という手段

好奇心を持てない相手の場合、「質問」という手段を使いましょう。「なにを知りたいか」「どんな話をしたいか」、聞くべきことを用意すると、落ち着いて話を進めることができます。

質問することは「あなたに興味を持っています」と示すことであり、「礼節」だと私は考えています。

相手のことをなにも考えずに中身のない会話を繰り広げたり、相手の出方をうかがって自分の考えを述べないでいると、「自分に興味がないのか」「話したいことはなんなのか」と、微妙な空気になって相手に不信感を与えます。

ＦＩＲＥして多くの取材を受けました。数をこなすうちに、「相手が質問を準備してきたか」「どれだけ自分のことを下調べしてくれたか」が、質問内容などでわかってきます。

興味を持って質問しているのか、儀礼的に質問しているのか、相手には伝わります。質問することは、**自分が試される一方で、相手への好奇心を示すチャンス**でもあるのです。

聞き上手の極意②

的確な要約で生まれる信頼

学生のとき私がやりがちだった失敗は、「会話に食い気味になる」ことでした。相手が話し終える前に、自分も話したくなるのです。しかし**会話をさえぎることは、コミュニケーションではご法度**です。

人間は理解されたい生きものですから、話を聞いてくれる人に好意を持ちます。相手の話を聞いて、理解したことを簡潔に「〜ということですね」と要約したうえで、次の質問や自分の考えを述べられると、信頼感が生まれます。

数々の取材を受けてきたなかで最も印象に残っている人は、当時NewsPicksに在籍していた野村高文《のむらたかふみ》（現：Podcast Studio Chronicle代表）さんです。私の回答を聞いて、要点を汲み取り、正確に的確に要約されていました。

聞き上手の極意③

記憶という名の好意

以前話したささいなことを覚えてくれている相手には、人は好意を持ちます。一度会って話したことを、次に会ったときに相手がきれいさっぱり忘れていると、少し残念な気持ちになりますね。

忘れがちな人は、メモがおすすめです。本人の目の前で「印象的だったので、メモしてもよいでしょうか」と伝えてもいいと思います。私もときにそうしていました。快諾されたことはあっても、怒られたことはありません。

聞き上手の極意④

合いの手の匠《たくみ》

相手の反応が薄いと、自分の話に興味を持っているのか、不安を感じますよね。**「私はあなたの話を聞いていますよ」と相手に示す**ことで、心地よいコミュニケーションが生まれます。

「大きくうなずく」「あいづちを入れる」「相手の話を聞きながら表情をつける」。

ただし、根本的には「相手の話に興味を持って聞く」という姿勢があってこそ。テクニックだけ取り入れても、話の意図を的確に汲み取れなければ、見透かされます。

聞き上手の極意⑤

多弁は慎む

「雄弁は銀、沈黙は金」「饒舌《じょうぜつ》」という言葉があります。いずれも、多弁を戒める言葉です。

相手に質問をされていないのに自分の話を多くしてしまうと、**「自分を認めてもらいたい」「優位に立ちたい」**などといった印象を抱かれます。ましてや自慢話は聞いていて気持ちのよいものではありません（聖母のように自慢話さえも包み込める人を除いて）。

「実績や経歴を語ること」と「自慢」の線引きは難しいところですが、淡々と事実を語るだけであれば、自分の実績や経歴を話しても、自慢の色合いを薄めることは可能です。

修練

11

自分を大事にいたわるプロセス

「仕事・家事・育児に追われ、生活するだけで精いっぱい…」

日々の余裕がなく、自分自身をいたわってあげることができない人が増えたと思います。インターネットでは匿名性をよいことに、他人に対して自分の正義を振りかざす攻撃的な人も散見されます。

他人に寛容になるには、まず自分を大切にすることです。そのためには、プロセスを踏みましょう。

自分を大事にするプロセス①

幽体離脱式・客観視

だれかを大事にしようと思ったら、その人を深く知る必要がありますね。

自分を大事にすることも同様で、まずは自分のことを深く知る必要があります。

自分という人間を、自分がいちばん近くで見ているはずなのに、案外わかっていなかったりするものです。

幽体離脱は自分を知るためによくやっていた方法です。騙されたと思ってお試しください。

「地上にいる自分を、もうひとりの自分が高い場所から見ている」状況をイメージします。まるで幽体離脱しているかのように、「あ、いまテンション上がってるな〜」などと、もうひとりの自分が自分の状態を見ている感覚です。

- **どのようなときに喜怒哀楽を感じるか**
- **なにが好きで、どのような人と、どういった人生を送りたいか**

など、自分の意識していなかった一面が見えてきます。

自分を大事にするプロセス②

喜怒哀楽を言語化

今日1日を思い返して、よかった点、反省点を言語化する方法です。私は、「このままじゃアカン」と挫折感を味わったときに、お風呂で大反省会を開催していました。

たとえば、自分の怒りがわくときは2パターンあることがわかりました。

①物事が自分の思い通りにいかないとき
②自尊心を傷つけられたとき

逆にうれしいのは、だれかの役に立ったとき、感謝されたときや、なにかを達成したときです。傾向がわかると対策が立てられるようになります。

NOと言う

「NOと言わないことが美徳」

日本にはそんな風潮もあると思います。しかし大事な場面で、NOと主体的に言えないと、**自分の人生をかじ取りできなくなります。**

会社員時代、とある部署で、「いまと同じ業務をあと1年続けても、おそらく発展性はない、有限の時間をあと1年も費やすのはもったいない」と感じたことがありました。機会あるごとに関係者に対して現状を共有し、配置転換の希望を伝えました。直談判しに行ったこともあります。理解や同情を示す人々が現れ、その甲斐あってか、ときを置かずして配置転換が実現しました。黙っていては伝わりません。

自分を大事にするプロセス④

腹筋ローラーで筋トレ

毎日腹筋ローラーで腹筋を鍛えています。**肉体を鍛えることは、精神を鍛え、自分を大事にすること**でもあります。その日やった回数をスマホの継続アプリで記録しています。

きっかけは水泳です。ラクに速くクロールを泳げるように、体幹を長く安定させ、水の抵抗を減らすためです。腹筋は肩や胸の筋肉と比べ、見た目に大きな影響はありません。しかし体幹を鍛えることで水泳、登山、階段（資源）の活用、姿勢のよさ、肩こり改善など、あらゆる身体活動に好影響をもたらします。腹筋は縁の下の力持ちなのです。仕事でも表舞台での成功や活躍の裏には、**往々にして秀でた裏方や縁の下の力持ちが存在する**のです。

自分を大事にするプロセス⑤

日常は禁欲、ときに貪欲《どんよく》に

普段は自炊しているからこそ、たまの外食は気分が華やぎます。運動せずに飲むビールもいいですが、登山後に飲むビールは格別です。日常に禁欲を取り入れることで、人生の満足度は向上します。

食事、旅行、趣味など、日常に禁欲的な要素を入れつつ、ときに貪欲に豪華にする。豪華一点主義は会社員時代からずっと変わりません。メリハリがあって、日常をよりたのしめます。

自分を大事にするプロセス⑥

返報性《へんぽうせい》の原理

善意を尽くされたら、善意でお返しをしなければならないと思う心理のことです。相手によくしてもらったら、「自分も相手によくしよう」という気持ちがはたらきますよね。

たとえばはじめての取引先と仕事をはじめるとき、「認めてもらえるか」を考えるより、どうしたら「相手によろこんでもらえるか」を考えたほうが建設的です。

- **「相手に認めてもらえるかどうか」＝自分に意識が向いている**
- **「相手によろこんでもらえるかどうか」＝他人に意識が向いている**

結果的に自分を大事にできるのは、後者です。


人生は逆説に満ちています。

執着を捨てた結果、逆に手に入ることがあります。他人を大事にした結果、相手に感謝されることで自分もよろこびを感じ、自分を大事にできるというよいサイクルが生まれます。

第4章

目標の思考法

——最高の景色が見える気高い山に登ろう——

修練

12

ミッション最短ルートの「逆説的思考法」

多くの会社員の方は、1週間のうち5日、起きている時間のうち半分近く、仕事をしています。人は減るのに、業務は増える。業務が増え、仕事時間は長くなるのに、給料はさほど上がらない。そんな職場も散見されるようになりました。

仕事時間が長いことによる影響

仕事の時間が長くなると、**「1つの世界に身をおきすぎる」「健康上の影響が大きくなる」**といった側面が強くなります。

会社の社風や文化、人間関係に影響を受けて、よくも悪くもその世界が当たり前になり、気づかないうちに視野がせまくなります。

また、労働時間が長すぎると、徐々に思考力が落ちてきます。私自身、残業時間が100時間を超える時期に帰りの電車を待っていると頭が「ふわ〜っ」とした感覚になったことがありました。「過労自殺をする人はこのような感覚だったのだろうか」と思わず考えてしまうほど、思考力が落ちていたのだと思います。

デスクワークならば、座る時間が長いと**健康上のリスクも増大**します。

30分以上座り続けると血流速度は70%も低下すると言われています。血行が悪くなると血液中の老廃物が増え、栄養が各器官に適切に行き渡りにくくなり、身体の不調につながります。

会社員時代、30分に1回は立ち上がるようにしていました。本書の執筆作業も自宅では立ちながらパソコンに向かう時間を設けています。

では、そんな長時間労働によるリスクを回避すべく、効率的に仕事を進めるにはどうしたらよいのでしょうか。

▒効率性にこだわらず、効率性を得る

人生の妙味の1つは、「逆説」（パラドックス）だと私は思います。

逆説とは、**「一見、正しくないように見えて、実は一面の真理を言い表していること」**です。

たとえば「急がば回れ」がそうで、「急ぐときは危険な近道や慣れない早道より、遠くても確実で安全な道のほうが、結局は早く着ける」という教えです。

効率性も同じです。**効率性にこだわると近視眼的になりがち**で、簡単で目につくところから手掛けてしまいやすく、「結果的に効率的になる」長期目線には着目しづらくなります。

「コミュニケーション労力」は最大の近道

仕事上のメールをしていて、こんな経験はないでしょうか。

メールの文面から「相手が怒っているのかもしれない」と思って気を揉んでいたものの、実はそうではなかった――。逆に、自分は淡々とメールを送っていただけなのに、「怒っているのかも」と相手に気を遣わせてしまっていた――。

「この人は、メールでは淡々とした文章を書く人だ」と知らなければ、冷たい人だという誤った印象を感じることもあるでしょう。メールを書くときも、相手の人間性や顔が見えないと、「こう書くと誤解されないかな…」などと気を揉んで、メールの文面を考えるのに時間がかかります。

込み入った話や**相手との認識がずれそうな案件ほど、対面やオンライン**でコミュニケーションを図るほうが近道である場合があります。相手の人となりに理解が深まれば、結果、コミュニケーションにかける時間や精神的疲労は少なく済むものです。

数字の罠に注意せよ

資産形成も同じです。ハイリターン（高い収益率）を目指しがちですが、投資元本を大きくするほうが効率的です。自分の手腕で市場以上に収益を得るには、経験や労力、勘所などが必要であり、熟練者を除いて不確実です。それこそ「急がばまわれ」で、ハイリターンを目指すという「不確実性の高い近道」より「収入－支出」の最大化に注力して元本を増やすほうが着実で近道です。

とくに資産形成の初期や若年期の運用で重要なのは、元本の大きさです。**運用資金100万円の人がリターン10％を得ても利益は10万円。一方、運用資金500万円**

の人はリターンがわずか2%でも利益は10万円です。運用の効率性は、元本が大きくなってはじめて影響が大きくなってきます。

数字には「細かい差が気になってしまう」という罠があります。AというETFの今年のリターンが8%、BというETFが10%なら、必要以上にBがよく見えますが、よほど運用資金が多いか長期にわたって継続しないかぎり単年では誤差です。小さな差を気にするよりも、運用元本を大きくするほうに意識を向けたほうが着実で結果的に効率もよくなります。大局的な視点を失わないことです。

逆算スケジュールが達成のカギ

母はよく「逆算しときなさいや〜」と言っていました。「へーい」といつも生返事でしたが、この教えはいつのまにか染みついています。

仕事は基本的に期限があるため、逆算したスケジュールを立てることで**「期限までに1日あたり必要な作業量」**が明確になります。

私が前著の執筆でまず考えたことは1日に必要な仕事量の逆算です。「総ページ数が250で執筆期間が90日なら、少なくとも1日3ページ、仕事においては締め切りまで余裕を持たせたいタイプなので、1日5ページぐらいは書いていく必要がある」と仕事量が明確になります。

会社のプロジェクトもまず逆算したスケジュールが立てられます。最初に**必要な仕事の総量と期限を確認**し、**1週間あたりに必要な仕事内容**を明確にし、役割と作業をチーム員で分担し、定期的に進捗を確認します。

「30歳でFIREを達成する」と期限とともに定めたことで、逆算したスケジュールを立てられ、これから必要なスピード感も明確になります。

作業の起点となるタスクを優先

「数あるタスクに対して、いかに優先順位をつけて順序よくやっていくか」で仕事の効率は一変します。

たとえば、顧客への連絡・交渉・営業、営業や品質など現状に関する報告書の作成、プレゼン資料の作成、月次収支の管理、トラブル対応など、一日の仕事は多岐にわたります。

このうち、収支管理・報告書は社内向けのもので、顧客の連絡があってはじめて収支や報告書のもとになる数字が決まります。期限まで多少日にちがあるならば、**優先すべきはあらゆる作業の起点となる顧客との連絡や交渉**です。

優先順位を間違えて、顧客対応が後手にまわれば、ほかの作業すべてに悪影響が生じます。

「なにがボトルネックになるか」

「停滞することで最も全体に悪影響が生じるのはどの作業か」

「Aという作業はBの結果次第でいかようにでも変わるから、AよりBを優先すべきだ」

というように仕事全体を見渡して、タスクに優先順位を順序よくつけていくことが大切です。

最短ルートの仕組みをつくる

数字を早く達成するためには、仕組みを考えることが近道です。

投資の場合に置き換えると、若年期に最短でＦＩＲＥを達成するために取った方法は、「毎月の給与の8割を、高配当株・連続増配株に投資し続けること」でした。

なぜ、高配当株や連続増配株に投資したのか。

ＦＸで何度か失敗した過去があるため、短期で一発当てるより、継続して利益を着実に積み上げることが資産形成の近道になると痛感していました。高配当株や連続増配株に投資することは、配当を多く得られ、年を追うごとに配当という収入を目に見えて積み上げることができます。また、**「配当＞生活費」の状態を達成すれば、お金がほぼ減らないフェーズに入る**ことを意味します。目に見える変化は、継続するための強力なモチベーションを生みます。

予定より早くＦＩＲＥ達成となり、結果的に効率的だったと思います。

時期にもよりますがインデックス投資をしていたほうが、資産額は多く増えたかもしれません。しかし配当というキャッシュフローを多く得ていなければ、生き方を変える決断まで踏み切れず、ＦＩＲＥ達成はずれ込んでいた可能性が高かったでしょう。

私の場合はこの投資手法をとりましたが、前著でも記したとおり、インデックス投資という手法自体は、一般的におすすめしやすい投資手法であることに変わりなきことを、念のため申し添えておきます。

準備が10割

仕事は準備で決まる、と言っても過言ではありません。

接待はまさに準備が10割。たとえば浅草で外国人顧客を接待するとします。商談を終えた後に車を貸し切り、浅草へ向かい、食事や買いものを半日ともにするというスケジュールです。

当日どのようなことが起こっても対応できるように、事前に現地に行って道順や周辺施設を確認、トイレや人の混み具合なども把握します。社内に同行者がいれば、道順に沿って歩いた動画や写真を収め、社内で共有して、当日のイメージを事前に共有します。顧客には当日なにを買いたいのか、どう過ごしたいのかも事前に聞いておくと大きな方向性が決まるため、当日になって対応に追われる労力は格段に減らすことができます。先手必勝です。

相手が求めているものを確認せずに予定を立てると、準備しても台無しになることがあるのです。

交渉や打ち合わせも、準備が必須です。**相手を徹底的に調べ、質問事項や回答の想定**をしたうえで臨むのが基本中の基本であり鉄則です。土壇場の妙案には期待しません。

なお、準備が10割であると冒頭に記載しましたが、実際には9割であることを申し添えます。残り1割は運もあります。たとえ結果がうまくいかずとも、準備を積み重ねれば、その過程で得た経験と自負は今後かならずいかせます。

修練

13

大きな課題は「場数」をこなせ

・仕事で大きなプロジェクトのリーダーを任されたとき
・チームリーダーに抜擢されたとき
・昇進して部署全体の成績を上げるように求められたとき

あなたは大きなミッションを与えられたとき、どう感じるでしょうか。

会社員時代、私は大きなミッションに尻込みすることがありました。「挑戦することで人間としての幅が広がる」と理解している一方で「大変そうやな…」と。

FIREしてから、「挑戦なくして前進なし」とあらためて感じました。挑戦しなくてもよい環境になってみてはじめて、自分を奮起させて主体的に挑戦することが日々の充実につながると感じています。挑戦しなければ、失敗することもなく精神的にはラクです。**しかし挑戦しないことはすなわち停滞**です。

大きなミッションは、だれもが経験できることではありません。**選ばれた適任者に「挑戦する権利」が与えられます。**そのチャンスをみずから捨てるのはあまりにもったいなく、好機を逸しています。

立場と責任が人を育てる

「立場が人をつくる」という言葉があります。

「いままでと違う立場（ポスト）につくことで、より大きな責任を背負いながら、任務を全うし、立場にふさわしい人格に近づいていく」という意味です。

たとえば、平社員から課長に昇格した場合。これまでのように個人ではなく、部署全体を見て意思決定をしていく必要があります。立場が変わると視点も変わり、責任も生じます。しかし、その責任こそが気を引き締め、立場にふさわしい人格を形成し、視座を高めることにつながります。

海外でマネージャー職というのも大きなミッションでしょう。

日本と異なる文化、ましてや会社より国家への忠誠を誓う外国人の部下を指導する立場になれば、自分だけのことを考えていてはとても務まりません。

「生き馬の目を抜くような人」、「他人を出し抜いてでも利益を得ようとする、ずる賢く油断のならない人」もいます。

そのような人とも対等に渡り合っていく度胸やしたたかさが海外ではとくに必要です。人間としての嗅覚が養われ、異質な環境で生き抜く術が身につきます。そして、日本という国がいかに危機意識に欠けている現状なのか、生ぬるい環境なのかを海外から客観的に把握できます。平和ボケでゆるみきった自分を鍛える絶好のチャンスです。

1に場数、2に場数。3、4がなくて5に場数

会社員時代、私は入社して間もなくプレゼンを指名されました。はじめてのプレゼン直前は1に緊張、2に緊張、3、4がなくて5に緊張。つまり緊張です。話し始めると落ち着きましたが、落ち着きすぎて持ち時間を大幅にオーバーしつつもかまわず話し続け、みなに温かくニヤニヤしていただく結果となりました。

慣れるにはとにかく場数です。時間を計って練習したり、本番の場数を踏むと、聴衆の表情を見てアドリブを適宜入れる余裕も生まれました。

発表はだれでもプレッシャーです。しかし発表を辞退すれば、代わりのだれかはレベルアップし、自分はレベル1のままです。しかし自分が発表すれば、成否にかかわらず経験値はたまり、レベル2以上になります。**平常心を保ち、状況を俯瞰するには「慣れ」**です。場数を踏んでいきましょう。

退路を断ち、自分を鼓舞する

「自信がない」「やり遂げられない」と不安になったり、弱気になった場合。あえて**逃げ道を閉ざす策**に出てみましょう。

私は本書を執筆している最中に、次のようなツイートをしました。

「FIREがたとえば「単なる早期退職」のように広まると、社会的にも経済的にも日本という国にとって損失。

その点も踏まえて、新刊の一部内容で「社会とも調和するFIRE像」を私がきちんと示す。理念と哲学と実体験に基づいて。それが私の責務でもある。やるで。」

本書は、「思考法」という、前著と異なる切り口で、いままでの人生を総動員して記す内容です。前著よりはるかに難しい挑戦となる課題を与えられました。結果的に、「周囲に宣言することで、引き返せなくし、目標に近づく」という原理で自らにプレッシャーを与えつつ、伝えたいことを示すツイートになったと思います。

「メモを書いて壁に貼る」「周囲に宣言する」など、自分を鼓舞する方法を模索しましょう。

——自己効力感を利用せよ

「ノブレス・オブリージュ」という言葉があります。

19世紀にフランスで生まれた言葉で、「noblesse（貴族）」と「obliger（義務を負わせる）」を合成した言葉です。**「お金や能力、社会的地位がある人は、より大きな義務と責任を伴う」**ことをさします。**なにかを持っている者は、果たさなければならない社会的責任と義務がある**という道徳観です。

私は母に「あなたに、もしなにか能力や力があるなら、だれかのために使うためにあるのよ」と教わって育ちました。

まさしくノブレス・オブリージュに通じる概念だと思います。

経済的自由を達成し、ＦＩＲＥを達成したならば、そしてＦＩＲＥや米国株投資を広めたならば、それだけの責務が伴うと考えています。

私と家族のいまがあるのは、「経済的に大変だろう」といろんな人々に助けられたからです。ＦＩＲＥ達成に至るまでも、ブログ読者から寄せられた励みになる言葉は精神的に大きな活力になりました。そうして私たちは常にだれかから恩を受けています。

自分が得た知識や人生経験は、恩返しの意味も込めて、だれかのために有益な情報として提供することが責務だと考えています。

- **周囲の人をいかす観察眼がある**
- **場を和ませる空気をつくれる**
- **物静かだけど周囲への配慮がある**

ほかの人より優れた能力とは言わなくとも、「これは得意」といった長所はだれしもあるはずです。筋肉があるなら、力を誇示するのではなく、階段で重い荷物で困っているお年寄りを助ける。これも立派なノブレス・オブリージュです。

長所を他者のためにいかすことで、自信につながります。**自己効力感とは、「目標を達成するための能力を自らが持っていると認識すること」**です。自己効力感を利用しましょう。

大きなミッションを達成するために必要なのは、**日頃からの積み重ねで得る自信**です。日頃から自分の長所を他者のためにいかし、健全な自信を得ることで「自分はできる」という思いが芽生えます。芽生えたものは、大事に育てましょう。

修練

14

人生で達成したい100のリスト

私がなぜ30歳で別の生き方を選んだか。それは何度も自分と対話してきたからです。自分の声を丁寧に聴き取ることができなければ、自分がなにを求め、なにに満足を感じるかさえも正確にわかりません。

内なる声を聴くことで、決断の軸、人生の軸、幸福の追求にもつながります。

私は20代前半の頃に**「人生で達成したい100のリスト」**を書き留めました。10年経ったいまもなお息づいており、その後の人生の方向性をある程度決めたと言っても過言ではありません。

リストを作成するきっかけは、まさかのマルチ商法です。マルチ商法に引っ掛かった友人を助けだすため、信じるふりをして潜入、実態調査を敢行しました。どのように人を組織的に懐柔するのか、その手口を興味本位で研究する目的もありつつ。そんななか主要人物に会ったときに、「人生で達成したい100のリスト」をつくることを勧められたことがありました。

マルチ商法はまったくやるつもりはありませんでしたが、この100のリスト自体は直感的に「おもろそう」と感じて取り入れたのです。

書き出した目標が人生の羅針盤になる

当時実際につくったリストから、いくつか紹介します。

- 経済的自由を達成（不労所得で年収1000万円）：30歳までに
- ポジティブな言葉だけを発する：2013年度中に
- 美味しい料理を自分でつくれるようになる：2013年度中に
- 自らすすんで家族や恋人にご飯をつくる：2013年度中に
- かゆいところに手が届く人になる：2013年度中に
- 真に愛する人と結婚する：40歳までに
- 会ってたのしいだけじゃなく、「会ってよかった」「学ぶことがあった」と言ってもらえるような人になる：2013年度中に
- 周りの人が手を洗ったときにさっとハンカチを出す：2013年度中に

・背中に目を持つ：日々意識する
・因果応報を胸に刻んで生きる：日々
・親を亡くして経済的に困っている子どもを助ける（お金が本当に余っている場合に限る）：生きているうちに
・母に恩返しをする：日々、生きているうちに
・母を飛鳥クルーズへ再度招待：2013年度中に、2泊3日
・客船で世界一周：経済的自由を達成してから
・ハートマークの花火を自費で打ち上げる：35歳までに
・部屋を清潔な状態で維持する：日々
・足を伸ばせるお風呂がある家に住む：35歳
・「夏は北海道、冬は沖縄」のような多拠点生活を実現する
・旅行広告を見て、「あ、これいまから行く？」と言えるライフスタイルを築く
・桜前線を追いかける旅をする

このリストをつくったときの心境は10年経ったいまでもはっきり覚えていて、いつのまにかその多くを実現しています。

ほかにも、「四国88か所お遍路を若いうちにやる」など、当時の手帳に記していました。

100個も思いつかなくとも大丈夫です。私も100個は思い浮かびませんでした。個数が重要なのではなく、**「自分が人生でなにをしたいのか」という価値観が凝縮されたリストをつくる**ことに意義があります。

文字に起こしたものは、自分の内なる声が表出したものです。言霊のように人間の潜在意識にはたらきかけて、日常の1つひとつの行動や、世界観をつくっていきます。

- **人生でなにを成し遂げたいのか**
- **どのような人生を送りたいのか**
- **いつまでにどのような自分になっていたいのか**

・なにに価値を置いているのか

これらが明確になれば、人生の明確な羅針盤ができあがります。毎日の小さな目標にも落とし込むことができます。期限も書いたほうが、目標到達までの速度も定まります。

「小さなコツコツ」が「とんでもない自分」を生む

人生は積み重ねです。

給与の8割を毎月投資にまわしているとき、毎日会社の階段を60階分上っているとき、私が大事にしていたのは、イチロー選手の**「小さなことを積み重ねることが、とんでもないところに行くただ1つの道」**という言葉でした。

自分をイチロー選手になぞらえるなど、どこかから金属バットが飛んできそうですが、その言葉を胸に、ひたすら愚直に継続していました。


毎日通勤で英文を1つ暗記する。

毎日職場の階まで階段で上る。

職場で出会った人にはかならず挨拶をする。

毎日すこし違うルートで会社から帰って、新たな発見を探る。

毎日寝る前に家族と「その日感謝したいこと」と「反省点」を伝え合う。


英文を1日1文暗記すれば、年間200日を5年続けると1000文の暗記です。1000文も覚えれば、単語を入れ替えるだけで日常会話は余裕で成り立ちます。

毎日エレベーターやエスカレーターを使わず、駅や豚舎の階段を上っていれば、太ももや心肺が鍛えられ、息切れもしなくなりました。強いトン（豚）になれます。

毎日寝る前に感謝と反省を伝え合えば、どうしたら相手がよろこぶのかがわかってきます。自分の傾向や改善点も見えてきます。

「どんなに愚鈍な者も12年1つのことを続ければ、必ず成果がある」

遣唐《けんとう》使《し》船《せん》で唐《とう》へわたり、平安時代初期（9世紀）に日本仏教の源流とも言える天台宗を開いた僧侶「最澄《さいちょう》」は、このような言葉を残しています。

最澄はこの経験から、比叡山《ひえいざん》に入る僧侶には、12年にわたって山に籠る「籠山業《ろうざんぎょう》」を定め、それは今日にもその教えが引き継がれています。

小さなことでも継続すれば、人生に大きな変化を起こします。

「継続は力なり」
完璧主義を捨てよ

わかっていても、なかなかできない…。そんなときは、まず継続のハードルを下げましょう。毎日、英文を1文覚える。最寄り駅に行くときはエスカレーターではなく階段を上る。この程度なら難しくないはずです。そこから徐々に負荷を上げていきます。筋トレと同じです。

私がいまやっているのは、ラジオ英会話と中国語を毎日聴く、1日おきにプールで泳ぐ、毎日腹筋ローラー、ジャンルを問わず本の精読、国際情勢に関する海外の論文を読むことなどです。ただし、旅行などでどうしてもできないときはしゃあなし、OKです。**完璧主義になりすぎないことが大事**です。

継続で達成したことは、応用も利きます。

たとえば言語学習は、継続が必要です。1つの言語を習得した人は、2つ目の言語の習得は格段に速くなります。言語習得のポイントがわかるからです。

スピーキングは「どれだけ多くの文章を丸ごと覚えて、単語を置き換えて話せるようになるか」に尽きる。リスニングは「わからなかった単語はわかるようになるまで何度も聴きなおす（状況が許すならば、会話で相手の話をいったん止めて、聞き取れなかった部分を理解できるまで聴きなおすぐらい徹底する）」。その日に覚えた単語は必ず寝る前に復習する。

これらは私が大学時代の留学で中国語を習得する際に学んだ鉄則です。当時、英語は話せませんでしたが、この要領で勉強し英語も一気に上達し、中国語だけでなく英語も仕事で使えるようになりました。

歩みを止めず、進み続けましょう。達成して少し休んだら、また進みましょう。休みすぎると、進むことを忘れ、気づかぬうちに停滞します。実際にそう感じました。挑戦し、進むことで、充実を手にするのです。

修練

15

負の感情＝執着を手放す

不和・不仲・嫉妬・いらだち・苦しみ。

生きていれば、ネガティブな感情や悩みを抱えることもあると思います。できることなら、これらの感情を持ちたくないものですね。不幸を呼び寄せてしまいます。

ネガティブな感情は、個人の幸福度を下げるだけでなく、社会に深刻な影響をもたらすこともあります。

昨今はインターネット上や現実世界で、誹謗中傷が問題になり、人の生死を分かつ深刻なケースもあります。

誹謗中傷、言ったもの勝ち、ごね得。これらが社会に横行すれば、まっとうに生きている人々が報われない社会になります。

では、そのような**「社会や個人に悪影響をおよぼす負の感情」**から、どうすれば私たちは解き放たれるのでしょうか。

執着の原因を客観視する

たとえば、出世・見栄・お金への執着について考えてみましょう。

出世への執着を手放すには、出世への執着の原因を客観視することです。

名誉欲、自己顕示欲、承認欲求。いずれも強すぎると執着を生みます。これらの欲求が一度も満たされなかった人はとくにそうなりやすいでしょう。欲求があること自体は、人生の原動力やハングリー精神につながるため、よい面も見いだせます。ただし、出世に対する執着が過ぎると、出世した人をねたんだり、出世が目的になって本来の目的や仕事の意義を見失うことさえあります。極端な場合、周りの人を蹴落とす人もいます。

自分がなぜ出世したいのかを突き詰めて考えることで、実は出世が解決策とはかぎらないことや、出世以外の方法でも満たせる欲求だと気づくかもしれません。会社という世界は100あるうちの1つでしかなく、会社の序列がその人の人生や品格を示すとはかぎりません。

見栄への執着を手放すには、**ありのままの自分を信じられるように、自分を磨き、自信をつけること**です。「弱い犬ほどよく吠える」。自信がないからこそ、見栄や虚勢を張ります。自信がある人は、バカにされようが、なめられようが、「ぜんぜんワイのことわかっとらへんやん」と泰然としています。

自信をつけるには、自分に胸を張れる日々を過ごすことです。お年寄りに席をゆずる、家族にやさしく接する、家事を率先してやる、勉強や読書で学ぶ。「これ以上はもうできない」と言えるぐらい挑戦に全力を尽くす。

自分を常に一番近くで見ているのは、ほかならぬ自分です。自分に胸を張れる日々を送ることが、自分への信頼という自信を生みます。私も身内にはつい一言多くなりがちで、「家族にやさしく接する」を徹底できていません。修練が必要です。

お金への執着を手放すには、**自分にとってお金より大切なものを見つけること**です。大切なものは、人によって違うと思います。友人や家族と過ごすこと、子どもとの時間、趣味など。私がなぜ安定した収入を捨てて退職したのか、それはお金より「若いうちの体力、時間、そしてそれらによって得られる人生体験」のほうが大切だと思ったからです。ただし、お金より大切なものをたのしむためには、お金が必要なこともあります。ですから、執着までいかずとも、最低限のお金は必要だと思います。

思い通りにならないから苦しみが生まれる

「コントロールできないものに対して、こうあってほしい」と思うから人間関係の執着が生まれます。

たとえば夫婦関係。
男女では脳の構造も異なるため、コミュニケーションの取り方も異なるでしょう。
自分の言っていることが相手に伝わらない、といった場合。
「ぜんぜん話かみ合ってへんやん、なんでなん」と思うかもしれません。
この場合、「自分がコントロールできること」に注力します。
相手に理解してもらえなかったなら、言い方を変えて小学生でもわかるように、平易な言葉で伝えるように努力するなど。

育った環境や、使ってきた言葉は異なるため、受け取る印象や理解の仕方も違っていて当然です。相手に求める前に自分がまず行動を変える。


異性関係も同様です。

男女間は、嫉妬、好かれたい、モテたい、尊敬してほしい、あらゆる感情に振りまわされる関係です。

相手から好かれることを求める前に、自分から愛情を伝える。異性にモテたければ自分を研究して磨く。尊敬されたければ、謙虚に努力を重ねる。嫉妬心に苦しむのならば、いったん離れる。感情に振りまわされないように、客観的に対処を考える。


ビジネスも同様です。

会社には嫌な同僚や上司もいます。指示がわかりにくい、嫌味を言う、部下をかばうどころか保身に走る――。

指示がわかりにくければ、何度も確認する。嫌味を言われたら、まずいったんは受け止め、自分に非があるのかを考え、なければ受け流す。保身に走る上司がいたら、「家族を食べさせるために、やむにやまれずそうなっているのかもしれない」と好意的に妄想する。

資産運用も同様です。

資産運用には、「収入－支出」と「運用利回り」の2つの要素があります。

なぜ私がFIREを目指していたとき「収入－支出」に注力したのか。金融市場は、市場環境や世界情勢などあらゆる変数に左右されるため、運用利回りは自分でコントロールできないからです。コントロールできないものをコントロールしようとすると、執着が生まれ、消耗します。

相手に求めたくなったら己が行動せよ

相手に求める前に、自分の行動を見直す。頭でわかっていてもなかなかできないことです。まずは小さなことから。周りが見えると余裕が生まれ、自信にもつながります。

奉仕の心を意識

「相手が飲みたいものあるかな」と、家族にお茶をいれて「え、なんかあったん？」と驚かれたら、普段自分のことしか考えていない証拠です。

家族にお茶をいれてよろこばれたら、自分もルンルン。「ほなまたお茶いれよ♪」となるはずです。自分が相手にしてもらってうれしかったときも、相手に大げさなくらい伝える。すると、相手も「またやってあげよ」と好循環が生まれます。

家は心を映す鏡、乱すなかれ

家という普段過ごす場所が散らかっていると心も散らかります。心を落ち着かせ、頭をクリアにするために、まず家のなかの乱雑さ（エントロピー）を減らします。部屋のモノが少ない「無の世界」にいると、意識は「有」へ。自分の心からほっしているものに鋭敏になり、自分を知ることにもつながります。ぜひ試してみてください。

背中に目を持つ

背中に目を持つ勢いで、人の2倍、周囲に目を向けることを意識します。第3章の幽体離脱を思い出してください。

リュックを背中に背負ったまま混み合った電車に乗ることはなくなるはずです。

自分の至らなさを投げ捨てる

相手に求め続け、相手が合わせ続けていると、いつか我慢の限界を超えて噴火

します。たとえば、雨の日に相手が洗濯物を取り込み忘れたとき「なんで取り込んでへんの〜」、こういう積み重ねです。自分のことは棚に上げて相手に求めるその一言、積み重なると噴火します。

自分の至らなさと向き合わずに目を背けることは、自分に正面から向き合わないということです。自分に申しわけが立たず、胸を張れない行動を続けていると、自信は徐々に失われていきます。

「相手に求めるな」

この言葉を心に響かせます。執着や負の感情から解き放たれるためには、安易な方法はないと思います。悟りを開いて穏やかな微笑をたずさえた将来の自分をイメージして、明るくたのしく修練です。

COLUMN

投資の思考法

— COLUMN —

主体的投資

1

FIRE前・FIRE後の投資観の変化

FIRE達成を境に、私の投資スタイルは大きく変わりました。

■ **FIRE前**…「収入－支出」を最大化し、毎月給与の8割で、主に米国の高配当株・連続増配株を購入、配当金を積み上げる。基本的に売らず、長期目線で投資。

■ **FIRE当時**…資産7000万円へ。「配当金＞生活費」という目標は達成したので、近い将来に配当を多く出す高配当株にかぎらず、遠い将来に配当を多く期待できる増配株や、配当を出していない株もふくめて下落局面で購入をねらう。毎月買わずに、購入タイミングを計る。

■FIRE後（いま）…ルールなし。全面的にこだわり消失。配当を出していない株、ゴールド（純金）、短期投資、下落相場での空売りなど、なんでもあり。投資に割く時間は、平時は減り、変化の兆しを感じると増加。マクロ経済や金融政策、市場心理などを分析し、市場の変化に対応。資産1億2000万円へ。

■「金銭観」の変化

FIRE前は鉄の方針を掲げ、ひたすら愚直にその方針を徹底していました。目標は、生活費を超える配当金を得て、生活費をまかない、経済的な自由を得て人生の自由度を上げることでした。ところがFIRE後は、それまでの鉄の方針がウソのように、投資に対する従来の嗜好やこだわりが消失しました。

「お金は、人の役に立った結果として、ときに得られるもの」

「結局、だれかの役に立ち、感謝されるとうれしい」

自分の知見や個性、専門性をいかして人の役に立つことに、以前にも増して意義を感じはじめました。FIRE後にお受けした本の執筆や講師などの仕事も、会社員時代と比べ、仕事の意義をより考え、だれかの役に立ちたいという気持ちが増していったように思います。

■収入の複線化

「FIREしても会社をやめるリスクは高い」と懸念する人は多いでしょう。たしかに毎月の収入源を失えば不安になると思います。しかし私は、「給与を失う代わりに時間が生まれるため、かならず別の収入が生まれる」という確信を持っていました（繰り返しながら、私が一貫して掲げてきたFIREとは、はたらかないことではなく、あくまで自由で主体的に生きることが主眼）。

結果的に、FIRE以降、企業から書籍や雑誌の執筆依頼、各種メディアからの取材やコラム連載、講演、番組出演等の依頼を頂きました。

これまでのブログ収入に加え、新たな収入が生まれたことで、株式投資による運用益や配当収入の必要性が以前より低下しました。結果的に後述のとおり運用スタイルが変わり、運用益と資産の拡大にも寄与しました。資産が増えるにつれ、お金へのこだわりが消えていきます。

また、農業を学んだことで作物という「現物収入」を得る方法を習得し、「現金収入」に対して以前より精神的に依存しなくなったのかもしれません。

利益のための投資から社会的投資へ

「共感できる企業理念を持ち、よりよい社会へ投資する銘柄」という観点で一部の投資をしたいと思うようになりました。

投資先の1つに、静岡県富士宮市に本社を置く日本の鉄鋼会社「エンビプロ・ホールディングス」があります。廃家電などのいわゆる都市鉱山から貴金属を回収する事業を営んでいます。

資源を持たざる国・日本において社会的意義を感じる事業です。ましてや、レアメタルなどは新興国の劣悪な鉱山労働、環境負荷のうえに採掘されているとみられるものもあり、一部の多国籍企業の利益は、新興国の犠牲のうえに成り立っている面も見られます。

同社代表取締役社長、佐野富和《さのとみかず》氏はTVメディアで次のように語ります。

「循環型社会の実現のための課題解決を自分たちの事業モデルにしています。課題解決そのものが社会貢献につながりますので、事業の成長と社会貢献が同期し、ほとんどストレスなく事業に専念できるという意味では、非常にいい事業をやっている会社だと、自負と誇りを持っております」

理念に賛同でき、社会的意義を感じる会社への投資は、単なる利殖《りしょく》とは異なります。企業の理念や公益性を支援し、社会に貢献する投資活動は、自分のお金を社会に還元する意味合いがあります。利殖目的ではないため株価はあまり気にならず、精神的にも充実します。公益性を重視して投資銘柄を決めることから、私は**「公益投資《こうえきとうし》」**と呼んでいます。このような投資もぜひ視野に入れてみてはいかがでしょうか。

FIRE前後のポートフォリオを比較

ＦＩＲＥ前のポートフォリオ*は、前著でも紹介した次ページの図です。国ごとに保有銘柄を色分けしており、面積の大きさは保有比率の度合いを表しています。

*ポートフォリオ…保有資産の構成・内訳を見るもの

■FIRE前…高配当株・連続増配株がメイン

たとえば当時の数値ですが、配当利回り約６％、連続増配年数が約50年の**米国たばこ大手の「アルトリア・グループ」**や、配当利回りが約５％で連続増配年数が40年（分社前をふくむ）を超える**米国製薬大手「アッヴィ」**などです。

FIRE前のポートフォリオ

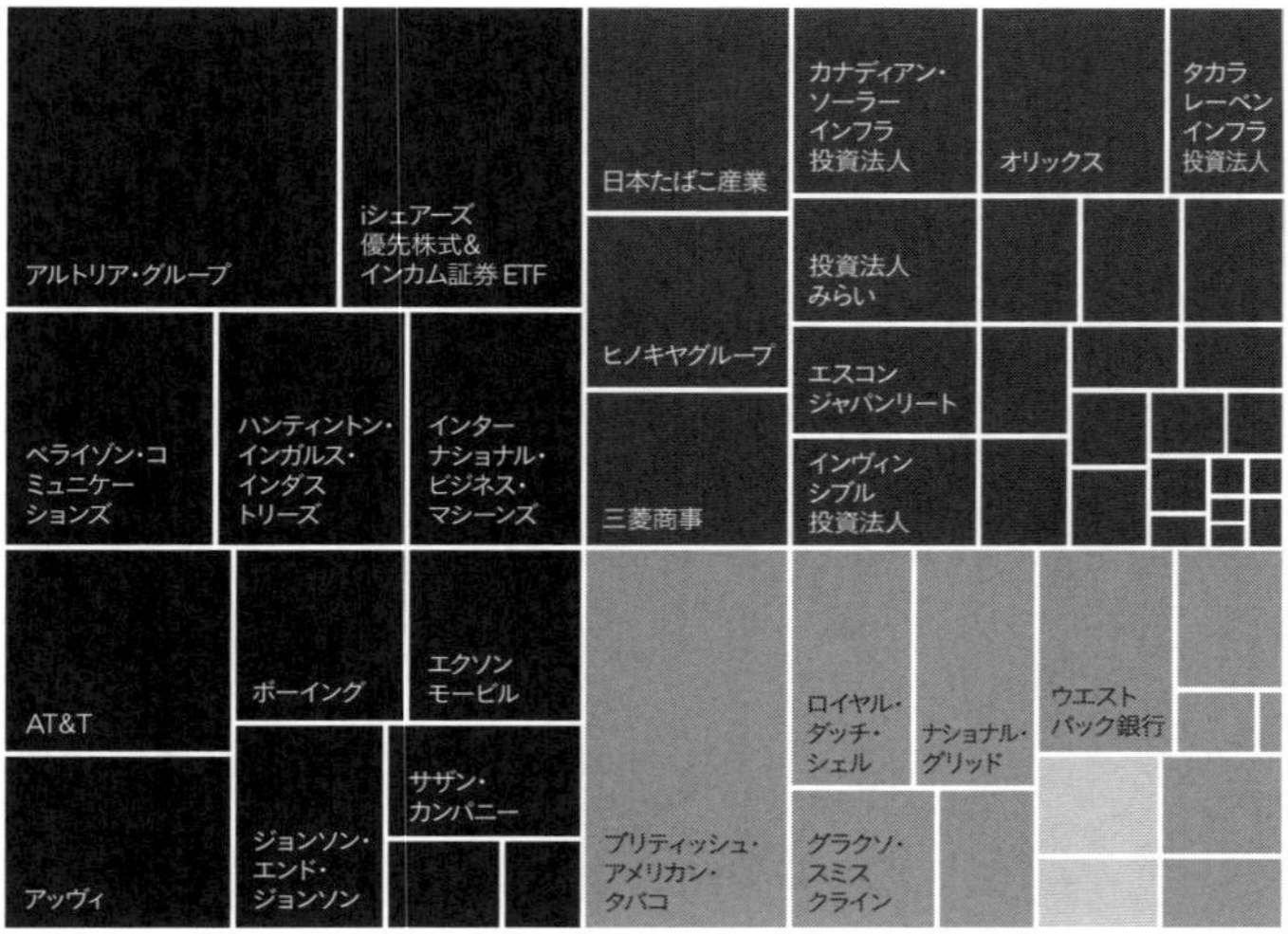

表で示した以外の投資先

●**米国**……デューク・エナジー、iシェアーズ米国リートETF

●**日本**……スターアジア不動産投資法人、タカラレーベン不動産投資法人、スターツプロシード投資法人、Oneリート投資法人、日本航空、三菱UFJフィナンシャル・グループ、ソフトバンクグループ、沖縄セルラー電話、ビックカメラ

●**ベトナム**……ビンホアン水産、サオタ食品

●**香港**……春泉産業信託（Spring REIT)、HSBC Holdings plc……など

FIRE後のポートフォリオ

■FIRE後…競争力を感じる銘柄や、業界で支配的な地位を確立している銘柄

投資先は各業界で競争力があると感じた「ディア」「コストコ」などや、コロナ禍から反転を見込めると判断した「日本航空」です(先述のとおり「エンビプロ・ホールディングス」は公益投資枠)。

配当を出していない無配株(例:ウォルト・ディズニー・カンパニー)や、配当が少ない低配当株(MSCI、ディアなど)にも投資しています。コストコ、MSCIなどは、低配当・高増配が続いていています。アッヴィは高配当・高増配の傾向です。

■ ＦＩＲＥ前後の共通点…個別株[*1]メインの投資

投資信託やＥＴＦ[*2]は、運用会社が構成銘柄を入れ替えます。対して個別株は、自分でどの銘柄を買うか選別します。つまり、自分で主体的に決めるため、責任は自分にあり、どのような結果であっても納得がいくので自分には合っているスタイルだと感じています。

もちろん、ＥＴＦや投資信託は、低コストで簡便に分散投資できるため、一般的におすすめしやすい商品です。

＊１　個別株…個別に買える企業の株。

＊２　ＥＴＦ（上場投資信託）…Exchange Traded Fund の略で、日経平均株価やＴＯＰＩＸ（東証株価指数）、Ｓ＆Ｐ５００等の指数に連動する投資信託の一種。ＥＴＦを購入することで、数十〜数千の企業の株式をまるっと一気に購入できる。

— COLUMN —
主体的投資
2

長期的に続けやすいストレスフリー投資

投資は、**精神的に心地よく継続できるか**どうかが大切なポイントだと私は考えてきました。

なぜなら、過去の傾向として**「投資期間が長くなるほど、収益がプラスに収れんする」**特徴があるからです（ただし、過去の傾向が将来も続くとはかぎらず、時期や購入タイミングによっても結果が変わりうることには注意しましょう）。

*TOPIX（東証株価指数）の1977年から44年間の収益率

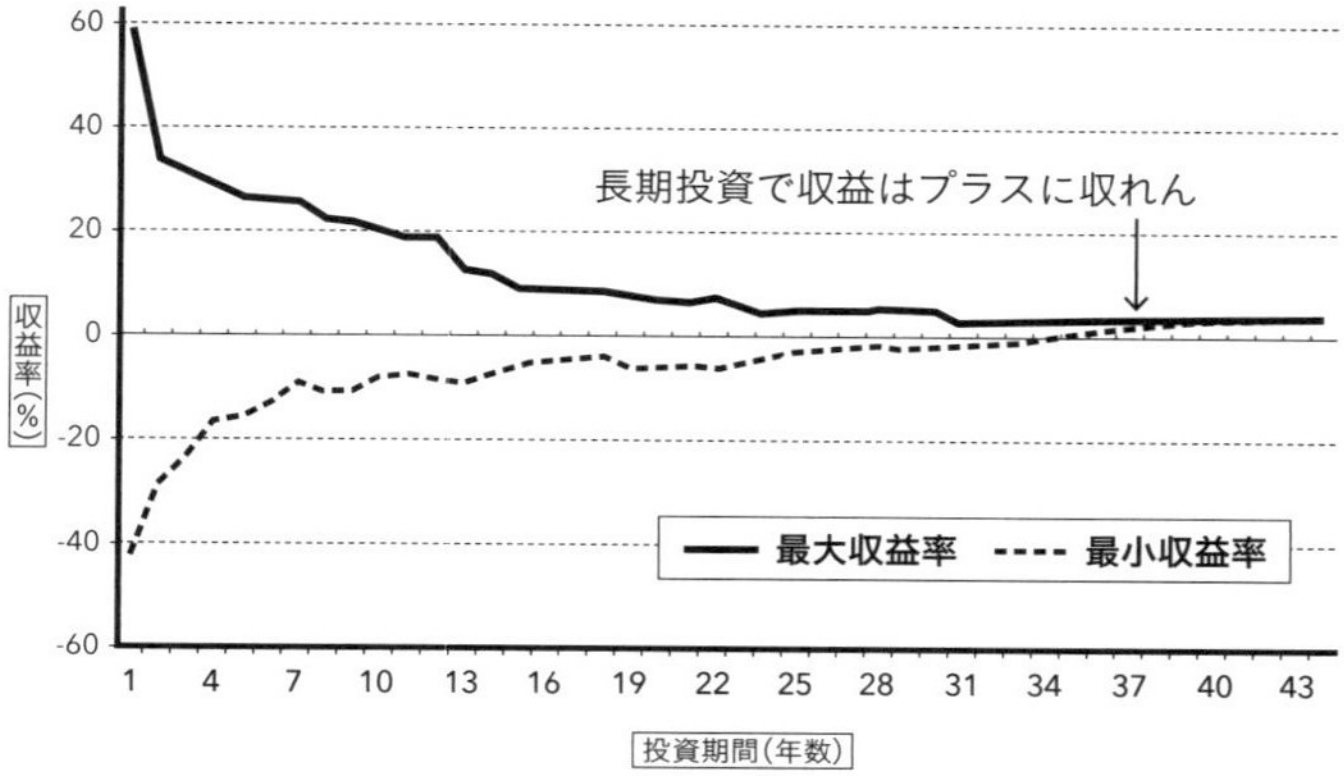

長く投資するためには継続が必要です。継続するためには「心地よさ」が大切です。「数字の上がり下がりに気を揉んでしまう」「値動きが気になってぐっすり眠れない」など、我慢は続きません。心地よければ続きます。ですから、まずは継続できる心地よい仕組みを構築しましょう。

では心地よい投資とはなんでしょうか。

＊ＴＯＰＩＸ（東証株価指数）…Tokyo Stock Price Index の略で、東京証券取引所に上場する銘柄を対象として算出・公表されている株価指数。トヨタやソニーなど日本の主要企業の株価の動きをひとつの数字にまとめて表したもの。

心地よい投資①

「定期つみたて」で、機械的につみたてる

投資手法には大きくわけて、**「定期つみたて」**と**「一括投資」**の2つがあります。

ブログや講演などでも、さまざまな投資のご相談にお答えしてきましたが、一般的におすすめする投資手法は、定期つみたてです。

理由は、一定の合理性があって、心地よく続けやすい手法だからです。

「定期つみたて」と「一括投資」のメリット・デメリット

「定期つみたて」と「一括投資」を比較してみましょう。

メリット・デメリットに加えて、市場の右肩上がりを想定した場合の投資収益は次のとおりです。

「毎月1万円を3か月つみたて」vs「最初に3万円一括投資」

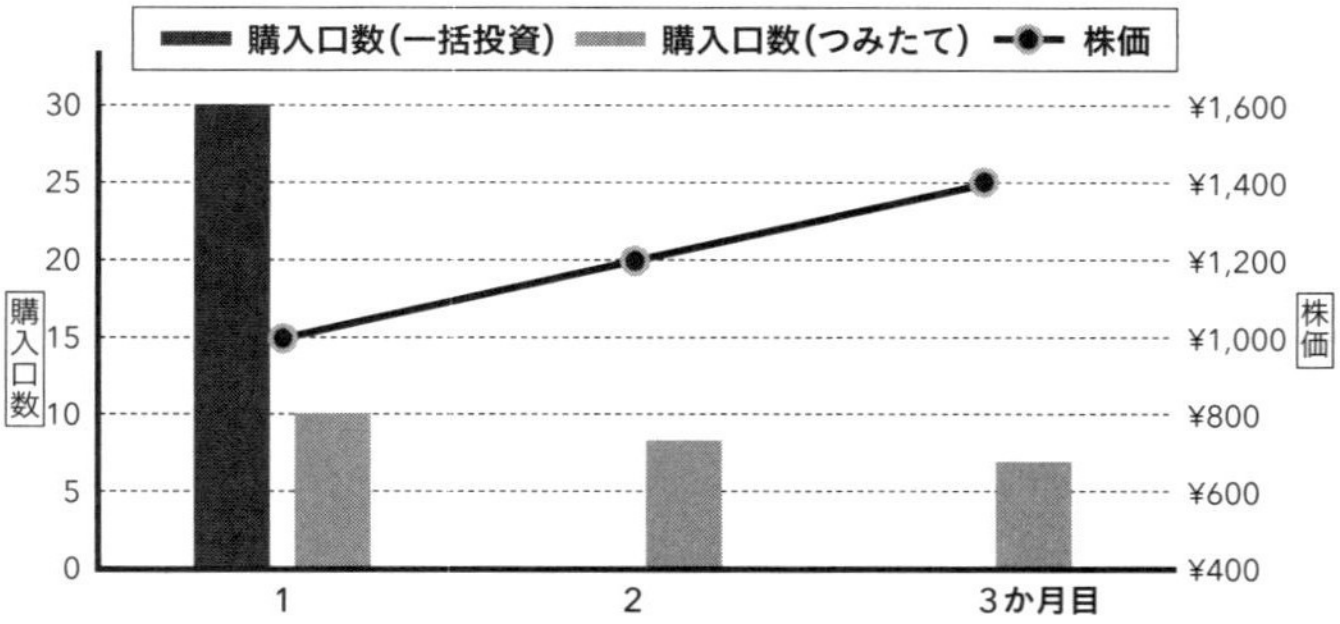

投資タイミング	購入口数	評価額
定期つみたて	26	35,700
一括投資	30	42,000

右肩上がりの相場では、一括投資のほうが効率はよくなる

「定期つみたて」と「一括投資」のメリット・デメリット

	メリット	デメリット
定期つみたて	●機械的に買えるため、心地よく続けやすい ●買付価格・タイミングが（よくも悪くも）平準化される ●人によって難易度・結果が（よくも悪くも）変わらない	●右肩上がりの相場では効率が悪くなる ●買付価格・タイミングが（よくも悪くも）平準化される ●人によって難易度・結果が（よくも悪くも）変わらない
最初に一括購入	●右肩上がりの相場では効率がよくなる	●買った後に相場が低迷すると、効率が悪くなる。その場合、精神的にしんどい、人を選ぶ手法

2つの投資の特徴を簡単にまとめます。

定期つみたて

■**手法**…毎月5万円など、定期的に株式を購入する投資手法。

■**購入タイミングによるメリット&デメリット**…よくも悪くも買付価格・購入タイミングが分散され、平準化される。毎月自動で積立設定ができる証券会社（ネット証券大手のSBI証券や楽天証券など）で買うと決めれば、買うタイミングを悩まずに済む。相場が低迷しても、「平均購入価格を下げられる」というメリットを見いだせるため、心理的に投資を継続しやすい。

■**向いている人**…機械的に買えるので心地よく継続しやすいことから初心者を含め、幅広い人に向いている。

一括投資

■**手法**…一気にまとめて買う投資手法。

■**購入タイミングによるメリット&デメリット**…市場が成長する場合には、理論上は効率的になる。ただし、購入直後に相場の低迷が続くと、長期間にわたって損失を抱えることも。株価が安いときに売ってしまうという最悪の投資行動につながる可能性もある。

■**向いている人**…購入タイミングによる影響が大きく、人を選ぶ手法。経験者向け。

心地よい投資②

配当金が出る「ETF」、長期に適する「投資信託」

私が一般的におすすめする投資対象は、**ETFと投資信託**です。極端な話、全財産で1社に投資するより、数十社に分散して投資したほうが安心して眠れますよね。この分散投資を簡単に実現できるのがETFと投資信託です。なぜならどちらも低コストで幅広く分散投資が可能で、初心者の方でも心地よく投資を続けやすいからです。

配当（分配金）を得たいならETF、配当にこだわりがなければ分配金を出していない「無配型」の投資信託。どちらを選ぶかは、好みがわかれるところでしょう。

ここからETF、投資信託、S&P500、VTI、VOO、VYMといった投資用語が出てくるので、たとえ話でわかりやすく説明してみます。

まずピザをイメージしてください。ETFも投資信託も、サイズと価格が時とともに変わるピザだと思ってください。「ピザが大きくなる＝投資資産が増えた」という意味です。

・ETFと投資信託は、どちらも数十～数千の味で構成されるピザ
・個別株は、1種類の味のピザ

ETFは市場が開いている時間ならいつでも、変動する時価で買えます。

投資信託は1日ごとに価格が決まっていて、注文当日や翌営業日の価格で買えます。

たとえるなら、**ETFは1秒ごとに価格が変わるピザ**で、開店時間中（例：9時半～16時）ならいつでもネット注文で買えます。**投資信託は、1日1回、価格が決まるピザ**です。

ネット注文した当日や翌営業日の価格で買えます。

配当金は、ピザを売る会社（「資産運用会社」と言います）が自動的に**「ETF型ピザ」の一部を切り出してくれる**サービスです。

ピザの保有者は、そのピザの一部を切り出されたもの（＝配当金）を食べてもいい（＝配当を旅行や食事に使ってもいい）し、ピザのサイズを減らさないためにピザを売る会社に返却する（＝配当を再投資する）こともできます。

ただし、**ピザを切り出す（＝配当を受け取る）際には税金として、切り出した分のうち約20〜30％を国に納めます。切り出した残りのピザを食べてもいいですし、返却も（再投資）**できます。ピザが一部切り出される（＝配当が出る）と、保有しているピザのサイズは当然そのぶん減ります。

ピザのサイズを大きくしたい人は、「投資信託型ピザ」がおすすめです。なぜなら、「ピザの一部を定期的に切り出すサービス（配当）がないピザ」を買える（＝「分配金なし」というタイプの投資信託を買える）からです。

ピザでたとえると

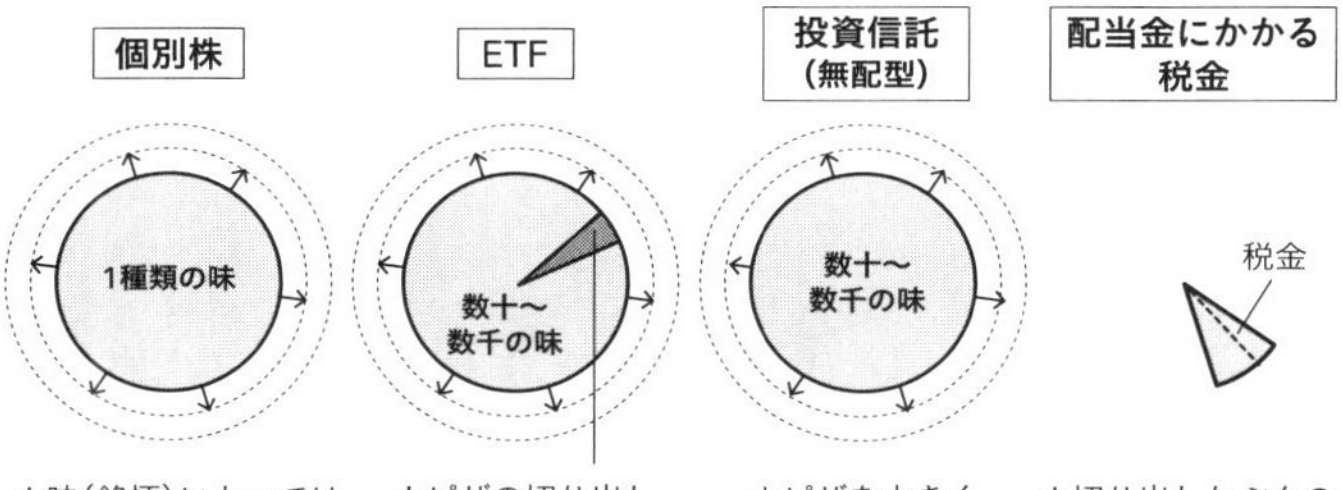

個別株

＊味（銘柄）によっては
ピザの切り出し（配当）
がある
＊味（銘柄）によっては
ピザのサイズの変動
が大きい
（1社の株なので、複数社に分散して
構成されるETFや投資信託より、
変動率が大きくなりやすい）

ETF

＊ピザの切り出し
（配当金）がほしい
人向け
（切り出したぶんピザは
小さくなる）

投資信託（無配型）

＊ピザを大きく
（資産を増やす）
したい人向け

配当金にかかる税金

＊切り出したぶんの
約20～30％の
税金が発生する

ETF型ピザ

VOO《ブイオーオー》
約500種の
米国産イチオシ具材

VTI《ブイティーアイ》
約4000種の
ほぼすべての米国産具材

VYM《ブイワイエム》
約400種の
配当が多い米国産具材

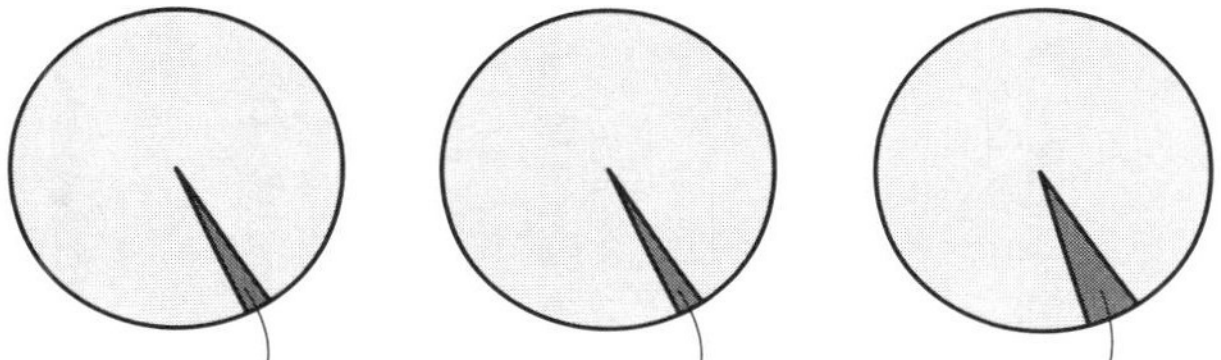

VOO：ピザの切り出し
少なめ
（配当金少なめ）

VTI：ピザの切り出し
少なめ
（配当金少なめ）

VYM：ピザの切り出し
大きめ
（配当金多め）

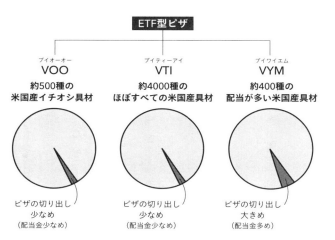

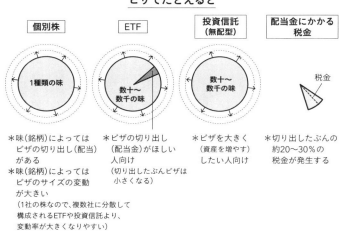

ＶＯＯは、約５００種類の米国産イチオシ具材（米国の約５００の選ばれた上場会社）でできたＥＴＦ型ピザです。**ピザの切り出しサイズは少なめ**です。

この投資信託バージョンとして**「eMAXIS Slim米国株式（S&P５００）」**があります。ピザの切り出しサービスはいまのところありません。

ＶＴＩは、約４０００種類の米国産の具材（＝ほぼすべての米国の上場会社）でできたＥＴＦ型ピザです。**ピザの切り出しサイズは少なめ**です。

この投資信託バージョンとして**「楽天・全米株式インデックス・ファンド」**があります。ピザの切り出しサービスはいまのところありません。

ＶＹＭは、約４００種類の米国産の切り出しサイズが大きい具材（配当を多く出す米国企業）でできたＥＴＦ型ピザです。そのため、**高配当株ＥＴＦ**と言います。

なお、**S&P５００は、米国の約５００の選ばれた上場会社を１つの価格で表し**

たもののことを言います。まとめます。

- **ピザ（投資資産）を大きくしたい人……投資信託が有力**
- **ピザの切り出しサービス（配当）がほしい人……ETFが有力**

ETFのなかでも、

- **厳選された米国産食材のピザがほしい人……VOOが有力**
- **ほぼすべての米国産食材をふんだんに使ったピザがほしい人……VTIが有力**
- **ピザを大きく切り出してほしい人（配当を多くほしい人）……VYMが有力**

正式名称は次の通りです。

- ＶＴＩ（バンガード*・トータル・ストック・マーケットＥＴＦ）

＊バンガード…世の中に存在する「ＥＴＦ型ピザのレシピ（株価指数）」を作成した会社にお金を払って、そのレシピを元にＥＴＦ型ピザをつくって売っている会社。ピザの切り出しサービスなども行っている。

配当金が出る「ETF」、長期に適する「投資信託」

	ETF	投資信託
分配金	出る	出る／出ない
分配金に対する課税	あり	先送りできる （無配型の場合）
出口戦略	1.元本を取り崩さず、分配金で 2.分配金＋取り崩し	手動または自動で取り崩す
購入通貨	米ドル（NY上場） 日本円（東証上場）	日本円
主な商品（米国株）	・VTI,VOO（NY上場） ・iシェアーズS&P500米国株ETF（東証上場）	・楽天・全米株式インデックス・ファンド ・eMAXIS Slim S&P500

・ＶＯＯ（バンガードＳ＆Ｐ５００ＥＴＦ）
・ＶＹＭ（バンガード・米国高配当株式ＥＴＦ）

さて、用語の説明を終えたところで上の表でＥＴＦと投資信託を比較してみましょう。

■**売買しやすさの観点**…「ＥＴＦ」は株式と同様に売買可能。取引所が開いているときにリアルタイムで売買できるので、「投資信託」に比べすばやく売買に対応可能。

	ETF	一般的な投資信託
上場※・非上場	上場	非上場
購入価格	取引価格は リアルタイムで変動する （取引所の市場で決まる）	取引価格は 1日1回算出される
注文方法	値段の指定ができる	値段の指定ができない ※注文した後に価格が決まる

※上場とは、証券取引所で取引されていること

■**配当（分配金）の観点**…「ＥＴＦ」は基本的に分配金が出る。「投資信託」は分配金を出していない「無配型」がある。

■**税金の観点**…「ＥＴＦ」は自動的に分配金という形で一部利益が確定されるため、**分配金に対して税金が発生**。「投資信託」は、分配金を出していない無配型の場合、**税金は先送り**。

※厳密には投資信託の分配金の支払い有無は決算を迎えるまでわからず、分配するかどうかは運用会社次第です。いままで分配金がなくとも、将来的に支払われるようになることはあり得ます。よって、本書では分配実績がいままでないものを「無配型」としています。

■**分配金によるメリット・デメリット**…「ＥＴＦ」や、分配金が出るタイプの投資信託では、分配金が出された時点で分配金額分の利益が確

ETFが向いている人	投資信託が向いている人
●運用中に分配金というかたちで利益を確定して、生活の足しにしたり、趣味や旅行などの消費にあてたい ●配当金が定期的に振り込まれることで、資産形成の実感を得たい ●「配当金＞生活費」＝「経済的自由」といったように配当金を経済的自由の達成度として活用したい ●配当金＞生活費という「お金がほぼ減らない状態」をいつか達成したい ●配当金をどの銘柄に再投資するか自分で決めたい ●老後に元本を取り崩さずに配当金というマネーマシンがほしい	●効率的な長期投資を目指したい ●分配金を再投資する手間を省き、シンプルに運用したい ●老後は分配金ではなく、自分で元本を取り崩す額を決めて取り崩したい

定。先に分配金というかたちで部分的に利益を確保できるメリットがある。

食費・光熱費・旅行・趣味といった生活費の一部または全部を分配金でまかなうことができれば、目に見えて生活が豊かになる実感を得やすい、といった精神的なメリットも。

ただし、分配金を出すとその時点で税金がかかり、再投資する場合も税引き後の金額を再投資することになり、複利効果の低下（運用効率の低下）がデメリット。

■出口戦略の観点…「投資信託」は定期売

却サービスといって、毎月定額または口数を定率や一定数に決めて売却が可能。しかし相場低迷時には1口あたりの価格が下がるので、「5口で10万円だったのに、相場が下落したから5口で7万円にしかならない…」といった具合に、取り崩すと損した気になる可能性も。後述する「定率法」で取り崩せば、この問題はある程度解消できる。対して「ETF」の分配金は、元本を取り崩さずに分配金が自動的に振り込まれる。

以上から、前ページの表のようにまとめられます。

投資信託かETFか、自分の価値観や好みに応じて、心地よく感じるほうをお選びになるとよいと思います。

心地よい投資③

投資に期待しすぎない

投資を心地よく継続するには、**収益率を期待しすぎない**ことが大事です。

投資家が受け取る株式投資の収益率は、経済成長と同等または**＋αとなる平均3～**

7％程度に考えることです。

ＧＤＰ（国内総生産）統計上、企業が生み出した付加価値の一部が賃金として労働者に、一部は税金として政府に、その残りが株主へ分配されます。つまり、労働分配率（付加価値に占める人件費の割合）や法人税率に変化がなければ、ＧＤＰ成長率と企業収益の伸び率はほぼ等しいと考えられます。

世界経済の成長率は３〜４％程度なので、資本全体のリターンもそれに準ずると考えられます。リスクが高い資産ほど期待リターンも高いので、資本を債権（融資や債券など）と株式に分解すると、ローリスク資産である債権のリターンは低く、ハイリスク資産である株式のリターンは高くなります。

過去のデータが充実している米国株のリターンが７％程度であることをふまえると、株式の期待リターンは３〜７％程度と考えてよいでしょう（この水準を著しく上回るリターンが続いているならば、相場が過熱している可能性を示唆します）。

市場環境より高い収益率を継続してねらうには、市場の波にタイミングよく乗る、または個別株投資やレバレッジをかけて収益率を高めるなど、独自の手腕が求められます。

COLUMN
主体的投資
3

初心者向け投資プラン（年代・年収別）

ケース①

年収200万円で資産形成したい
20代男性・独身・契約社員・手取り13万5000円

投資対象：つみたてNISA、全米株式または全世界株式
投資額：手取り月13万5000円のうち、価値観に応じた額

20代、まだまだたのしみたいことがある年代ですね。若年期に資産形成をしたいな

ら、いまのうちに、お金や投資に対する価値観を明確にすることをおすすめします。

食費・交際費・住居・趣味、なににお金をかけるのか、将来に向けた貯蓄といまの消費のバランスをどうとるのか。いずれ結婚を視野に入れているなら、交際相手に金銭観を伝えておくと、結婚後の相違も避けられます（私は20代のとき交際する際に、自分の金銭観と経済的自由への思いを伝えていました）。

現状、**投資に回せる余剰金が少ないのであれば、「つみたてNISA」**がおすすめです。つみたてNISAは、**運用益や配当が非課税、年間40万円まで投資できます**（※NISA制度改正後の2024年以降は年間120万円が「つみたて投資枠」の上限となる見通し）。

投資対象は、世界経済の成長に沿って収益を期待するならば、**「全世界株式」**。米国経済の成長に沿って収益を期待するならば、**「全米株式」**でよいと思います。

運用期間が長くなると収益も多くなる傾向がみとめられます。年収が上がり投資額を増やしていけば、ねらえる収益の規模も大きくなります。

■月3万円を年利5%で運用する場合
投資期間20年で約1230万円、30年で約2500万円

■月5万円を年利5%で運用する場合
投資期間20年で約2050万円、30年で約4160万円

（米国株の代表的な指数「S&P500」の過去60年（1960〜2021年9月末）の株価上昇率は、年率7・3%であるため、それより控えめな「年率5%」としています。ただし、過去と同様の成長が今後も続くとはかぎらないため、あくまで目安や参考値にすぎないことをご留意ください）。

ケース②

つみたてNISAは運用中。新たな資産運用はなにをすべき?

30代男性・独身・正社員・年収600万円・投資初心者

投資対象：米国株、新興国株、ゴールド
投資額：無理のない範囲、たとえば月10万円

独身30代、年収600万円であれば、資産運用にかける投資額も多くなりやすいですね。新たな資産運用を模索中ということですから、株式にかぎらず、債券やゴールドなど、ほかの資産を持つことも一案です。投資の種類が増えれば、それらの関連情報から視野を広げるきっかけにもなります。

たとえば、**米国株、新興国株、ゴールドに投資**。

過去を振り返れば、米国株のほうがよい時期もあれば、新興国株のほうがよい時期

各指数の相対的な値動き

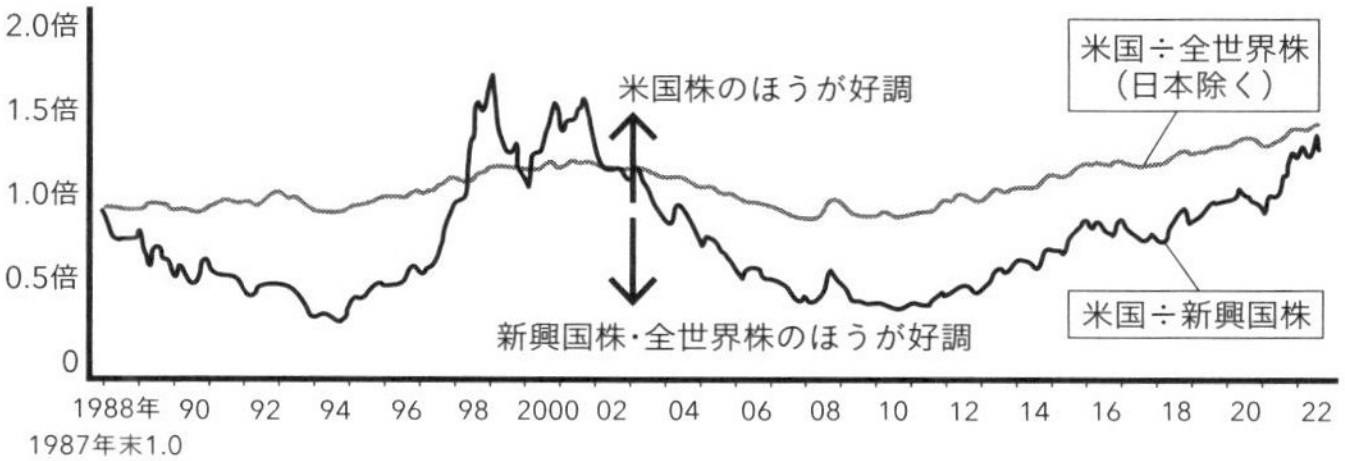

1987年末＝1.0、米国はS＆P500種株価指数、全世界株（日本を除く）はMSCI ACWI ex JAPAN、新興国はMSCI Emerging Markets、すべて配当込み、円ベース

もありました。新興国株（例：楽天・新興国株式インデックス・ファンド）をスパイスとして入れるのも一案です。そして今後、時期や状況によっては存在感が増す可能性があるのが、**ゴールド**です。

ゴールドの価値は、世界に埋蔵量がかぎられているという希少性にあります。

「有事の金」と呼ばれることもあるように、戦争や災害など先の見えないリスクがあると、金が買われる傾向があります。また、インフレ（モノの値段が上がり、通貨の価値が下がること）に強い傾向があります。事実、金はリーマンショックを境として価格が跳ね上がり、2007年1月2日639・75ドルと比べて3倍近くになりました。

私自身もＦＩＲＥ後は、**ゴールドを資産ポートフォリオに組み入れています**。一時的に保有するか、長期的に保有するかは今後の状況次第ですが、通貨価値の下落や有事に備えつつ、資産クラスの分散が期待できます。

先進各国はリーマンショック以降、通貨を大量に発行してきました。大量発行は価値の下落と隣り合わせです。16世紀に新大陸から大量の銀が流入した欧州で銀貨が暴落した歴史が示唆するように、供給が増えすぎると価値が下がるのは市場の常です。

金本位制と異なり、通貨に価値の裏付けがない現代において、**希少性という価値を持つゴールドを持っておくことは、通貨価値下落の備え**になります。

たとえば資産全体の5〜20％ぐらいをめどに、好みに応じて、ＥＴＦを通じてゴールドを保有してみることも一案です。

金価格に連動するＥＴＦは、大きくわけて2つあります。ニューヨーク市場に上場する「ＧＬＤ」は米国株と同様にドル建てで購入できます。東証上場の「１５４０」は日本株と同様に円建てで購入できます。ちなみに、１５４０は現物を国内に保管するという「国内保管型」のため、有事のリスク低減を期待できます。

たとえば、ロシアのウクライナ侵攻でニューヨーク市場に上場するロシア関連ETFの取引が中止されました。つまり、自由に換金できなくなることを意味します。今後、日米間で同様のリスクを避けたい方は、国内保管型のほうが望ましいでしょう。投資における最大のリスクは、売りたいときに売れないことです。

ケース③

教育資金を貯めながら投資もしたい

30代共働き夫婦・夫：正社員／
妻：パート・子ども2人（未就学）、年収500万円

投資対象：夫婦でつみたてNISA年間80万円＋余裕があれば全米株式または全世界株式へ機械的につみたて投資

投資額：手取り月33万円のうち、余裕資金で

30代にもなれば仕事は中堅のポジションを任され、家事に育児にと、新たなステージですね。教育資金は、いざというときに使えることが必要だと思います。子どもが習い事をしたい、留学をしたいと言えばすぐ回せるように。そのため、教育資金以外の余裕資金での投資が一案です。

まず夫婦でつみたてNISAをフル活用し、年間80万円（NISA制度改正後の2024年以降は年間240万円が「つみたて投資枠」の上限となる見通し）の非課税枠で投資。時間や

手間のかからないように、**自動積立設定で、簡便に分散投資が可能な投資信託である、楽天・全米株式または全世界株式インデックス・ファンド**が一案です。

余裕があれば、毎月コツコツ買う。30代も、まだまだ残りの投資期間を長く持てます。すぐに現金化する必要がなければ、コツコツ株式を買っておくことで、将来得られるお金を増やせる可能性があります。

教育資金を運用するならば、現金化するタイミングによっては損失を抱えるリスクを承知のうえで運用する必要があります。

損失リスクを避けたければ、運用せずに現金で持っておく（または債券など値動きが小さいもので運用）ことです。

ただし、現金は金融政策やインフレ次第で価値が目減りする可能性があります。そのリスクを避けるなら、一部の資金でシルバー（銀）やゴールド（金）などの価格に連動するＥＴＦを持つことで、インフレリスクをある程度相殺することが期待できます。

ケース④

老後単身の不安に備えて投資したい

30代女性・フリーランス・独身・年収400万円

投資対象：iDeCo（個人型確定拠出年金）

投資額：iDeCo満額 月6万8000円

老後に備えたいのであれば、**iDeCo（個人型確定拠出年金）への満額運用**が有効です。60歳（国民年金被保険者であれば65歳まで可）までの間、毎月一定金額をつみたて、主に投資信託を利用して運用、**60～75歳以降に一括あるいは分割で受け取る**年金制度です。国民年金や厚生年金などの公的年金にプラスするかたちで、老後資金を増やすことができます。iDeCoをはじめる際におさえておきたいポイントは、次の2つです。

国民年金保険の加入状況	具体例	掛け金の拠出額の上限
第1号被保険者・任意加入被保険者	自営業者等	月額6.8万円（年額81.6万円）
第2号被保険者	企業年金に加入していない会社員	月額2.3万円（年額27.6万円）
	企業型DC[*1]のみに加入している会社員	月額2.0万円[*3]（年額24万円）
	DB[*2]と企業型DC[*1]に加入している会社員	月額1.2万円
	DB[*2]のみに加入している会社員	月額1.2万円[*4]（年額14.4万円）
	公務員	
第3号被保険者	専業主婦（夫）など	月額2.3万円（年額27.6万円）
任意加入被保険者	60歳までに老齢基礎年金の受給資格を満たしていない場合などで60歳以降も国民年金に加入している方など	月額6.8万円（年額81.6万円）

＊1　企業型DC…企業型確定拠出年金のこと。
＊2　DB…確定給付企業年金（DB）、厚生年金基金、石炭鉱業年金基金、私立学校教職員共済のこと。
＊3　企業型確定拠出年金（企業型DC）のみに加入する場合
月額5.5万円ー各月の企業型DCの事業主掛金額（ただし月額2万円を上限）
＊4　企業型DCとDBなどの他制度に加入する場合
月額2.75万円ー各月の企業型DCの事業主掛金額（ただし月額1.2万円を上限）

■ **税制の優遇**（メリット）

掛け金全額が所得控除（小規模企業共済等掛金控除）の対象となり、仮に**毎月の掛け金が1万円の場合、所得税10%、住民税10%とすると年間2万4000円、税金が軽減**されます。また、運用期間中の運用益が非課税です。年金として受け取る場合は「公的年金等控除」、一時金として受け取る場合は「退職所得控除」の対象となります。

■ **途中で引き出せない**（メリットにもデメリットにもなる）

60歳の受給開始年齢を迎えるまで途中で引き出せないため、資金が拘束されるデメリットにもなりますが、「強制的に先取り貯蓄できる」メリットともとれます。

第1号被保険者に該当するフリーランスは、会社員と比較しても掛け金の上限額が高く、年額81万6000円までiDeCoを利用できます。

満額の拠出でも、投資額に余裕があれば、つみたてNISAの利用がおすすめです。

加えて、「国民年金基金《こくみんねんききん》」と併用する選択肢もあります。ただし、掛け金の上限額は

iDeCoと国民年金基金の違い

	iDeCo	国民年金基金
掛け金	月額5000円以上 1000円単位	加入時の年齢や プランによる
年金給付方法	基本有期年金	基本終身年金
年金受取 開始時期	60〜65歳 （加入期間によって異なる）	原則65歳 （プランによっては60歳から）
運用指示	必要あり	必要なし

iDeCoと国民年金基金の両方を合計して**月額6万8000円**です。

iDeCoは運用商品を自分で選び、運用成績によって給付額が変動するのに対し、国民年金基金は自分が運用の指示をすることはなく、掛金に応じて給付額が決まっています。「自分の手で増やしたい」という人にはiDeCoが向いています。

また、iDeCoは証券会社によって取り扱う投資信託が異なります。米国株のインデックス型投信のうち**「楽天・全米株式インデックス・ファンド」**は、松井証券・楽天証券などで、**「eMAXIS Slim米国株式（S&P500）」**は、SBI証券、松井証券、マネックス証券などで購入可能です。

ケース⑤

55歳早期退職までの10年間で、2400万円資産を増やしたい

45歳夫婦・夫：正社員／妻：専業主婦・年収800万円・退職金あり・親の遺産で住宅ローン完済、不労所得月5万円あり

投資対象：全米株式または全世界株式

投資額：年間184万円（月11万2000円、ボーナス50万円）

55歳で退職し、65歳で年金を受け取るまでの10年間の生活費2400万円（月20万円）を確保したいということですね。

退職金は現金確保するとして、**「初期投資額0円、年率5%」**で想定すると、毎月15万4000円のつみたてが必要です。**ボーナスで年間50万つみたてると、つみたて額は月々11万2000円**で済みます。不労所得が5万円あるので、現実的なラインかと思います。

投資対象は、手間なくシンプルに米国または世界の成長を平均的に享受することが

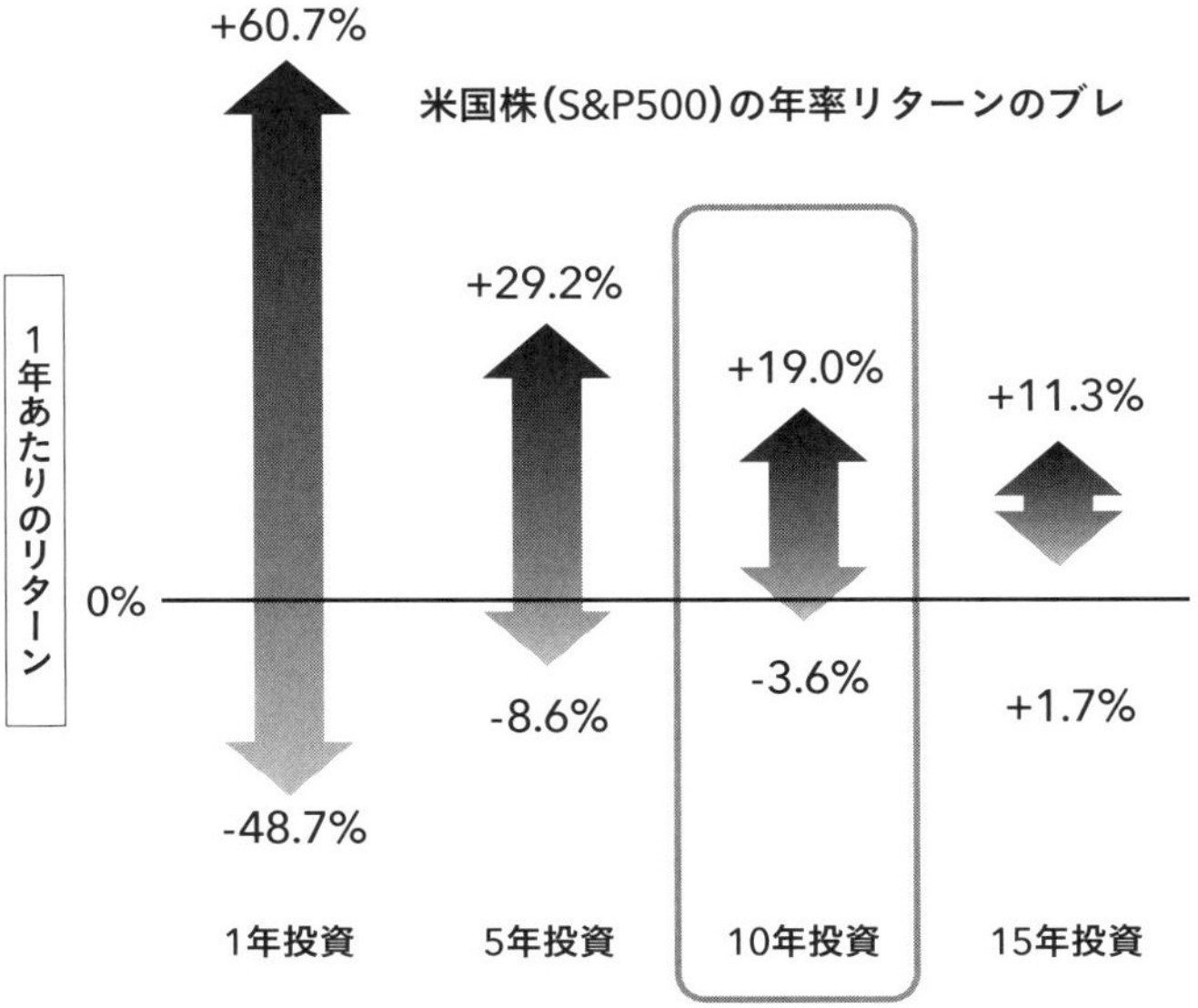

期待できる、**楽天・全米株式インデックス・ファンド**または**楽天・全世界株式インデックス・ファンド**が一案です。

上の図は1988~2016年における、投資期間別の米国株（S&P500）の年率リターンのブレ幅です（楽天インデックス・ファンドと、S&P500の構成銘柄とリターンにおいて現時点で大差がないため、参考として紹介しています）。

あくまでこの期間においては「投資期間が長くなるほど、リターンの散らばりがプラスの方向へ収れんする」という傾向を示しています。運用期間が10年の場合でも、おおむねリターンはプラスとなったことがわかります。

ちなみに、老後に資産の多くを株式に投じると、株式市場の値動きに大きく左右されることになります。市況がよいときは心地よいですが、悪いときは市場動向が気になって日常をたのしめなくなるかもしれません。そのようなリスクを避けたい場合は、資産の大半を運用にまわすのではなく、一部にとどめておくと安心かと思います。

極端な例ですが、米国株では過去25年にわたって株価が成長しなかった事例もあります。とはいえ、リスクをとらなければリターンは得られません。どこまでリスクをとって（どれだけの資金を株式に投じて）、リターンをねらいにいくのか、投資における永遠の課題とも言えます。自分にとって心地よい塩梅を探っていきたいですね。

ケース⑥

離婚したシングルの資金繰りと投資法

40代女性・正社員・シングル子ども2人（小学低学年・中学2年生）・年収300万円・養育費&財産分与なし

投資対象：全米株式や全世界株式、または高配当株ETF「VYM」
投資額：月3万円

正社員としての仕事に加え、育児に家事、家計のやりくりと多忙な状況かと推察します。また、月の手取りが平均20万円と考えると、運用にまわす余裕はないか、あっても限定的な額であると思います。

お金の問題で子どもに習い事がさせられない、といった子どもの可能性を閉ざすことを避けたい場合は、運用よりも教育費を優先されると思います。

投資はあくまで余裕ができた月だけ、少額をつみたてNISAで全米株式または全世界株式インデックス・ファンドにまわすことが一案です。手間なく平均的な収益を目指すために適した投資対象です。

たとえばお子さま2人の**大学資金が2人で900万円**（1人あたり目安：国立300万円、私立文系450万円、私立理系600万円）とした場合、**つみたてNISA月3万円、つみたて期間10年、年率5%の収益で試算**すると、1人分の大学資金に相当する**465万円**になります。

状況から拝察するに、家計は火の車かもしれません。しかし経済的に厳しければ、子どもにもその状況をそれとなく共有することで、家庭の連帯感はむしろ強まり、子どものお金に対する価値観が整う可能性があります。

たとえば、**高配当株ETFである「VYM」をつみたて**、「お金を投資すると分配金というお金が振り込まれる」ということを、親子で体験してみるのも一案です。普段意識することのなかった「お金」というものを意識するようになるかもしれません。

ケース⑦

資産形成の実感を得て、いまをたのしむ投資を知りたい

40代男性・正社員・年収700万円・既婚・子どもあり（小学低学年）

おすすめ投資対象：一般NISAで高配当株ETF「VYM」

投資額：月10万円

「資産形成の実感を得たい」というご相談は、いままで数多くありました。現代では株券を現物で持つわけでもなく、口座の数字が変動するだけです。そのため、「資産が増えても実感がわかない、日常生活に変化を感じづらい」といった現象が起きます。

高配当株ETF「VYM」を一般NISA口座で月10万円つみたてます。**VYMの分配利回りは過去平均で3%**です。今後も約3%と想定すると、1年つみたてると、月平均で約3000円の分配金を得られます。5年続けると、単純計算で月1万

5000円の分配金が得られます。

VYMを保有すると、分配金が3か月ごとに証券口座に振り込まれるため、資産形成の実感が得やすくなります。家族サービスや旅行、趣味にあてたり、プチ贅沢に使うなど、いまの消費にあてることができます。

いわば、定期つみたてで「分配金という果実」を生む木（投資資産）は大きくしつつ、3か月ごとに生み出される果実をぱくっと食べるスタイルです。「分配金を再投資して将来の資産を大きくするよりも、多めに分配金を得ていまをたのしみたい、でも将来に向けて資産形成もしたい」という方に、高配当株ETFが一案です。

投資額を増やした分だけ分配金も基本的に増えます。そのため、投資を続けていくと「まずはスマホ代だけ、次に電気代、食費、旅費…」といったように、分配金でまかなえる支出項目が段階的に増えていくたのしみも見いだせます。「今日より明日、明日よりあさって」と思える日々は希望と充実を生みます。最終的にラスボスは「生活費すべて」といったように、ゲーム感覚でクリアするたのしみ方もあると思います。

— COLUMN —

主体的投資

4

米国株ブームの暴落時に私が利益を得た手法

近年、過去リターンが優れてきた米国株への投資がブーム化しました。コロナ以降の2年間は、とくに高いリターンを示しました。しかしブーム化したものは、いずれ調整が入ります。事実2022年、米国株の下落が始まりました。私が株式に対して一貫して持ち続けた姿勢は、行きすぎたものは揺り戻しが起き、いびつなものは修正され、市場参加者の過度な楽観は下落余地を生む、というものです。

米国株の空売りで利益

FIRE後、コロナショックが起きました。一時的に保有株式の評価額が下がるなか、積極的に米国株やJリートを買いました。2021年にJリートを売却し、2022年初めに米国株を売却し、利益を確定しました。直後に米国株の下落相場がはじまり、空売り[*1]に転じて利益を積み上げました。

保有していた米国株のうち、ABT（アボット・ラボラトリーズ）、CME（CMEグループ）、COST（コストコ）、CRM（セールス・フォース・ドットコム）、DPZ（ドミノピザ）、FDS（ファクトセット・リサーチ・システムズ）、HII（ハンティントン・インガルス・インダストリーズ）、IDXX（アイデックス・ラボラトリーズ）、JNJ（ジョンソン・エンド・ジョンソン）、LMT（ロッキード・マーチン）、LW（ラム・ウェストン・ホールディングス）、MKC（マコーミック）、MSCIなどを2022年初めに利益確定しました[*2]。

その資金をゴールド（金）や空売りにまわしました。10月に再び米国株を買い、年

間の損益は＋1600万円となりました。

なお空売りは、空売りによる利益が投資額以下に限定されるにもかかわらず損失額は無限に拡大しうる性質のため、リスクが高く、上級者向けの投資手法です。私自身も暴落時に短期的に活用するにとどめています。

＊1　空売り…近い将来に株価が下落すると予想し、現在の株価でいったん売りを出し、値下がりしたところで買い戻して借りた株を返す。差額が利益となる。
＊2　利益確定…含み益が出たまま保有している投資対象を売却して現金へ戻す。

米国株の代表的な銘柄

米国株を盲信しない前提で、有力な選択肢となる代表的な銘柄は次の通りです。

■**投資信託**…eMAXIS Slim米国株式（S&P500）、楽天・全米株式インデックス・ファンド
■**ETF**…VOO、VTI、VYM

VOO、VTIはS&P500や米国企業全体へ投資するオーソドックスな銘柄です。**高配当株**に投資したければVYMです。高配当株ETFは前著で詳しく解説しています。

米国株を含む、全世界の株式に投資したいならば、おすすめは**eMAXIS Slim 全世界株式**、**楽天・全世界株式インデックス・ファンド**です。

なお、私が投資している個別株は、競争力があると思えて、長期で伸びるであろうコストコ、ボーイング、ディアなどの銘柄です。

会員制小売りチェーン「コストコ」は栃木県壬生町に出店されるとなると、開業前から会員証を作るために長蛇の列ができるほどの人気です。「家族で行きたい」といった声が聞かれ、単なるスーパーではなく一種のテーマパークのような独自性も帯びています。身近な存在で成長をイメージしやすい銘柄です。

航空機大手ボーイングのデニス・ミューレンバーグCEO（2017年当時）によると、「世界の8割以上の人は飛行機に乗ったことがない」とされ、2022年に同社は

「2022年から2041年にかけて4万1170機の新規の航空機（7・2兆ドル規模）が必要とされる」と試算しています。航空機事故の影響もあり、近年同社株価は低迷していますが、長期目線では好機と判断して買っています。

世界資源研究所が2018年に発表した報告書によると、「2050年に世界人口は100億人近くに達し、2010年時点と比べて食料需要は56％増加する」という見通しが示されています。大手農業機械メーカー「ディア・アンド・カンパニー」は、AIで動く「完全自動運転トラクター」など先進技術を駆使した農業機械・システムに強みを持ち、食料需要の増加にともない同社製品への需要が見込まれます。

図示の通り、たしかに米国株はこれまで高い成長を見せてきました。

しかし盛者必衰、万物は流転します。ポルトガル、スペイン、オランダ、イギリス、そしてアメリカへと覇権国が変わってきたように、今後もアメリカが覇権国であり続ける保証はありません。そのことを忘れず、**米国株へ投資はしても盲信はしないようにしましょう。**投資に盲信は禁物です。**自分で調べ、他人よりも詳しくなり、そうしてはじめて受け身ではなく主体的に投資判断ができるようになります。**

米国株（S&P500）の価値の変化

●1900〜2022年にかけて、
ピザのサイズ（価値）が大きくなってきた。

※各年1月1日時点

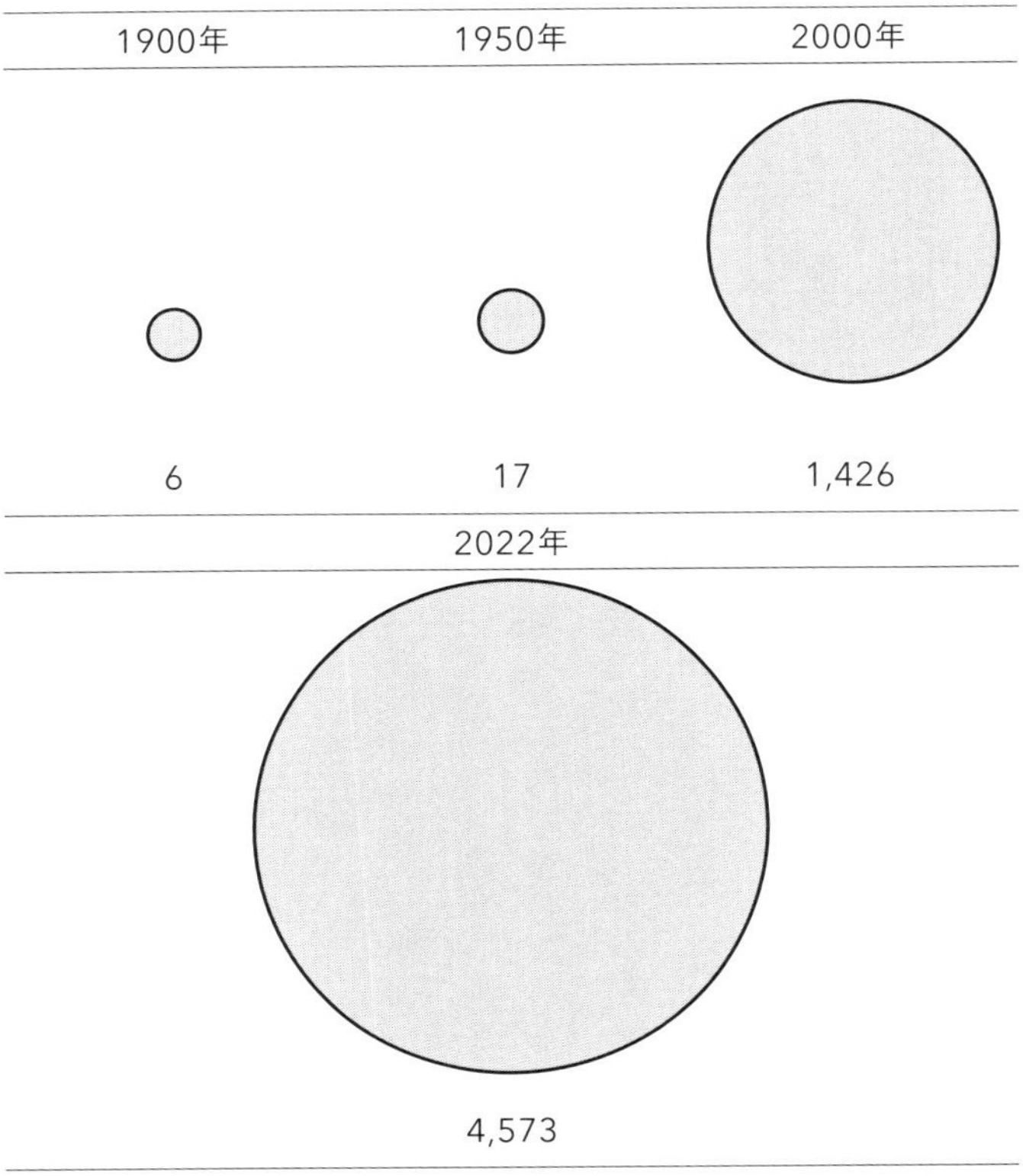

— COLUMN —
主体的投資
5

円安・インフレに備えて主体的に取るべき行動

■円安が及ぼす生活への影響は？

2022年、円安が私たちの生活に与える影響について、連日報道がなされていました。

日本はエネルギーや食糧自給率が低く、その大部分を輸入に頼っている国です。円安によって輸入物価は上昇します。そのため、輸入の際に法人等が為替変動による損益を回避する「為替ヘッジ」をかけておくなどして、円安の影響を受けない構造等でないかぎり、輸入価格の上昇によって、私たちの生活に必須である、電気・ガス

などの光熱費、食品の価格が上昇します。

■円安・インフレ前に備えたいことは？

円安に備えるには、通貨を分散しておくことです。たとえば**米ドルに50％、日本円に50％という資産構成**にしておけば、円安ドル高になっても影響を軽減できます。

インフレに備えるには、①ゴールドを買っておく、②預金やＭＭＦ（マネー・マーケット・ファンド）を利用する、といった対策が挙げられます。

・中央銀行が利上げをするケース…①・②が有力

インフレが起こると、通常は金利が上がります。なぜなら、中央銀行がインフレをおさえようと、利上げ（＝短期金利が上昇）するからです。短期金利が上がると、預金やＭＭＦの金利収入が増えます。つまり、インフレで金利が上がると、預金やＭＭＦで相応に高い金利収入を得られます。

また、ゴールドなどの貴金属は、インフレ局面で値上がりが期待できます。金価格

に連動するETFなら、株式と同様に簡便に購入できます。実際にインフレが起こる前に買っておくと、備えになります。インフレが実際に起きてニュースで報道される頃には、すでにゴールドの価格は上がっている、といったことがよくあります。**金融市場は実体経済を先取りして動く**のです。

・中央銀行が利上げを積極的にはしないケース（2022年現在の日本）…①が有力

現在の日本銀行のように、人為的に金利上昇を抑制している場合、預金やMMFの金利収入は低いままです。そのため、②は対策として機能しません。

なお、ゴールドはインフレに強い傾向があるとはいえ、中央銀行の政策や各国の景気、金需要、市場心理などにも左右されます。また、長期的には株式に比べて収益率は低い傾向であるため、株式が「攻めの投資」ならば、ゴールドは「守りの投資」と言えます。

■円安時に米国株には投資すべきではないか？

円安時に、日本円を米ドルに換えて米国株に投資すると、その後円高になったときに、円建ての価値が下がるリスクがあります。

しかし定期つみたてで、長期目線で米国株が成長することに賭けるならば、円安時でも変わらず米国株への投資を続けることが一案です。為替・株式の両面において、タイミングによるばらつきが平準化されます。

投資対象は、手持ちのドルがない場合はP225のオーソドックスなインデックス型投信が候補です。円建て商品なので、そのまま円で買えます。円をドルに換えずとも、すでに手持ちのドルがある場合、ドル建て商品であるVTIなどのETFが候補です。

一方で、短中期的に円安が反転する（＝円高になる）と想定する場合、円高になってから円をドルに換えたほうが為替の観点からはお得です。

ただし、そのとき株価が上昇していれば、為替の得と株価の損が相殺されます。米国株への投資を考えるためには、株価と為替の両方を見通す必要があります。その見

通しに自信が持てるほど熟練の投資家ではない、そして米国株の将来に賭けて資産形成を目指す場合は、つみたて続けることが一案です。

■円安時に外貨建て資産を買うべきか

定期つみたてではなく、タイミングを計って投資をしている方は、円安時に割高となる**外貨建て資産**[*]の購入は、慎重さが求められます。ただし、たとえば米国株が低迷しているのであれば、その後の円高リスクはあるものの今後株高が見込める場合、悪い投資対象とはかぎりません。

*外貨建て資産…円以外のドルやユーロなどの通貨で価値（＝価格）が表示される資産。

■円安時にすべきこと（ドル買いするか？）

外貨建て資産を保有しているならば、円に換えて為替差益を確保しておくことが一案です。

たとえば、円安が2割進んだときに、その増えた半分の1割分の外貨建て資産を円

に換えることで、円建て資産と外貨建て資産の比率を一定に保つことができます。

「焦って行動を起こすと、たいてい好ましくない結果をもたらす」というのが14歳から相場と対峙してきて学んだ教訓です。たとえば円安が進み、ニュースで取り上げられたときがピークだった、ということは過去によくあります。円安が進んでからあわててドルを買うのは避けたい行動です。リスク分散は平時からしておき、有事に備える姿勢が大切です。通貨の分散も同じことが言えます。

— COLUMN —
主体的投資
6

資産運用の出口戦略

「出口戦略」とは、資産運用で増やしたお金を使うために取り崩すことです。お金はあの世には持っていけません。人生を終えるまでに自分や他人のために、どのように使っていくかをイメージしておけるといいですね。

■私の出口戦略

「臨機応変」です。資産を築いた後も資産運用を続け、お金を増やしている理由は、**「自由を継続するため、自由度をより広げるため」**です。

お金はある程度持っていないと、「お金が足りないから、○○はやめておこう」といった具合に、「制約」という消極的な色彩が強くなります。反対に、お金がある程度あれば、選択肢が増えるため、「自由」という人生における積極性を持つことができます。

「子どもがもうひとりほしい」「家族がなにかをしたいときに資金を使える」「自分を大切にし、周囲も大切にする余裕が持てる」、そういったあらゆる面における自由と積極性を確保するためです。母は子どもたちを育てるために、30〜40代という人生の多くの時間を子どものために使いました。老後はお金を気にせず謳歌してほしいと願い、母のためにも株式等を運用しています。

日本の伝統文化のひとつである地域のお祭りに寄付をしています。現代の日本は、国民が結束する共通の思想や理念が欠け、連帯感を喪失しているように思います。お金があれば、地域の連帯感や発展に貢献する手段と可能性も広がることになります。

私は、老後を迎え、人生の最期を迎える段階でなにお金を投じたいかは、そのときになってみないとわかりません。老後にかぎらず、40代や50代など人生のあらゆる将来的な時期に言えることです。そして、お金を投じたいことにかぎらず、歳を重ねてみないとわからないことがこの世に多いからこそ、先人、人生の先輩、映画や書籍などから「歳を重ねることはどういうことなのか」を先んじて貪欲に学ぶことが大切だと考え、そのように生きてきました。人生における自分の考え、家族構成、お金を使いたい目的は、変わっていきます。変化に応じて生きるには、決めすぎず、考えに余白を持つほうが適切かつ柔軟に対応できます。お金も同様に、余裕資金があるほうが臨機応変に対応できます。

今後も資産運用を続け、かといって貯め込まず、自分や周囲、そして地域や社会のために積極的にお金を使う。これが私の現時点での「出口戦略」です。

■目標額達成後、運用はどうしたらいい？

投資が趣味でないかぎり、多種多様な投資商品を持つよりも1本または数本に絞ったシンプル運用が一案です。手間がかからず、自分の投資状況がわかりやすくなります。具体的には、**楽天・全世界株式や全米株式といったインデックスファンドや、ETF（例：VOO）**、または**高配当株ETF（例：VYM）**などを、1本または複数保有し、必要に応じて投資信託やETFを取り崩したり、ETFの分配金を消費にあてることが一案です。

■「資産の行き先」と「何歳で取り崩すか」を考える

お金を「人生の選択肢を増やせるもの」「人生体験を増やせるもの」と考えている人ならば、必要に応じて若い時期に取り崩すこともあるでしょう。私は30代前半に、母に家を買うときに一時的に取り崩しました。自分以外の人にお金を使うときは、「その人のためになるか」を意識します。夫婦なら、お金のあるほうが生活費を負担することもあるでしょう。しかし相手がその状況に甘えて自堕落になる人ならば、相

手のためになるお金の使い方とは言えません。子どもに多額の資産を残すことも、必ずしもよいとはかぎりません。お金がないならないで、工夫します。ハングリー精神も生まれます。その渇望こそが人生の原動力となり、目標へひた走るきっかけにもなります。

■「定額法」と「定率法」どちらで取り崩すか？

資産を取り崩すときに、「定額法」と「定率法」の2種類があります。

定額法は、その名のとおり定額を取り崩します。対して定率法は、保有資産に定率をかけて取り崩すため、次ページのグラフで示すように、最初に大きく取り崩し、取り崩し額が徐々に減る特徴があります。次に、それぞれのメリット・デメリットを考えてみましょう。

たとえば、**株価1口100円の投資信託を100口、つまり計1万円**の老後資産を持っていたとします。

定率法は**保有時価の3％**、**定額法は300円**を毎月取り崩すとして比較します。

定率法も定額法も初月の取り崩し額は300円です。次月に株価が95円に下がった場合、保有時価に定率をかける定率法は、株価が下がれば取り崩す額も相応に減ります。よって、P242の「株価5％ずつ下落ケース」の図のとおり、定率法は定額法よりも取り崩す額が減ります。

同様に次月に株価が105円に上昇した場合、定率法は相応に取り崩す額が増えます。なお「株価5％ずつ下落ケース」の図のとおり株価が下落したときは、株価上昇時の取り崩し額の増加幅に比べて取り崩し額の減少幅は大きくなります。

つまり、**定率法は取り崩す額が株価によって変動する一方で、株価が下がったときに、少なく取り崩し、株価が上がったときに多く取り崩すように、自動的に調整できます。**

よって、株価が下がったときに売却額を少なめにしたい人は、定率法が向いています。

また、定率法は、株価にかかわらず取り崩す口数が決まるため、将来の保有口数を

	定額法	定率法
メリット	●取り崩す額が株価によって変動しない	●株価変動による取り崩し額が自動調整される ●将来の保有口数が計算できる
デメリット	●株価変動による取り崩し額が自動調整されない	●取り崩す額が株価によって変動する ●株価下落時は、上昇時より取り崩す額の変動が大きくなる
向いている人	●取り崩す額が株価に左右されず、定額にしたい	●取り崩す額が株価に影響されてもいい ●株価が下がった月は取り崩す額が減り、上がった月に取り崩す額が増える仕組みにしたい

●定率法は最初に大きく取り崩し、だんだん減る（株価一定で、1万円を取り崩すケース）

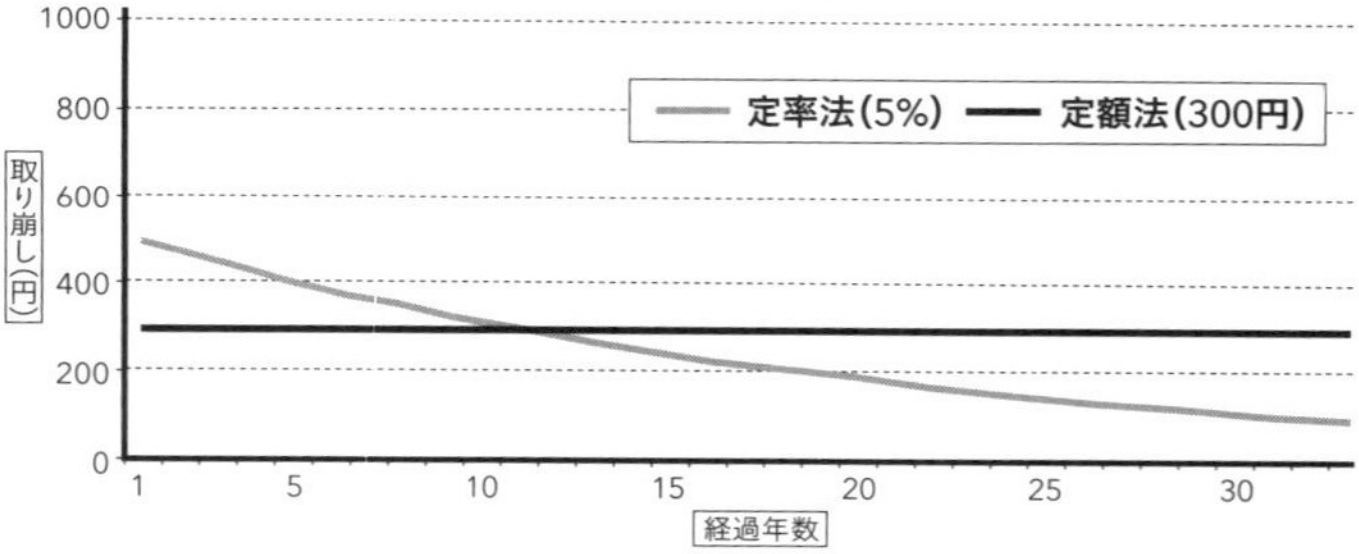

●株価5％ずつ上昇ケース

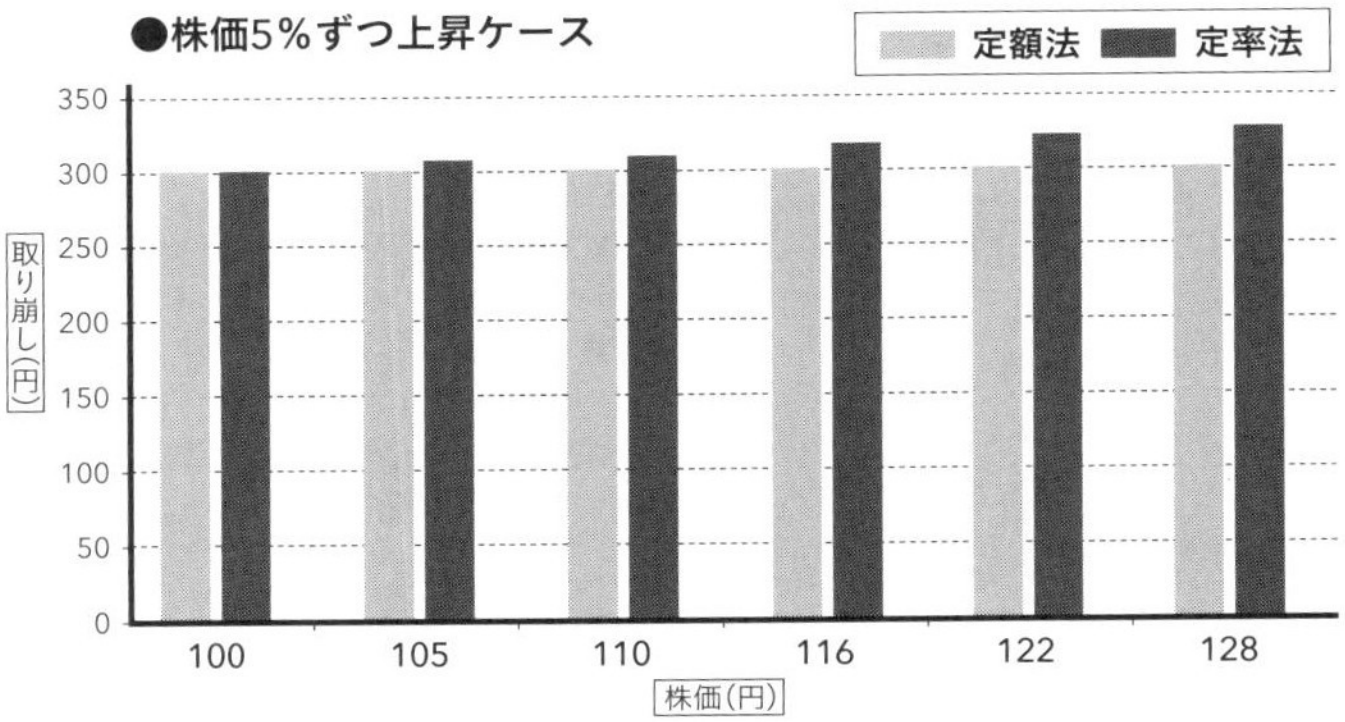

●株価5％ずつ下落ケース

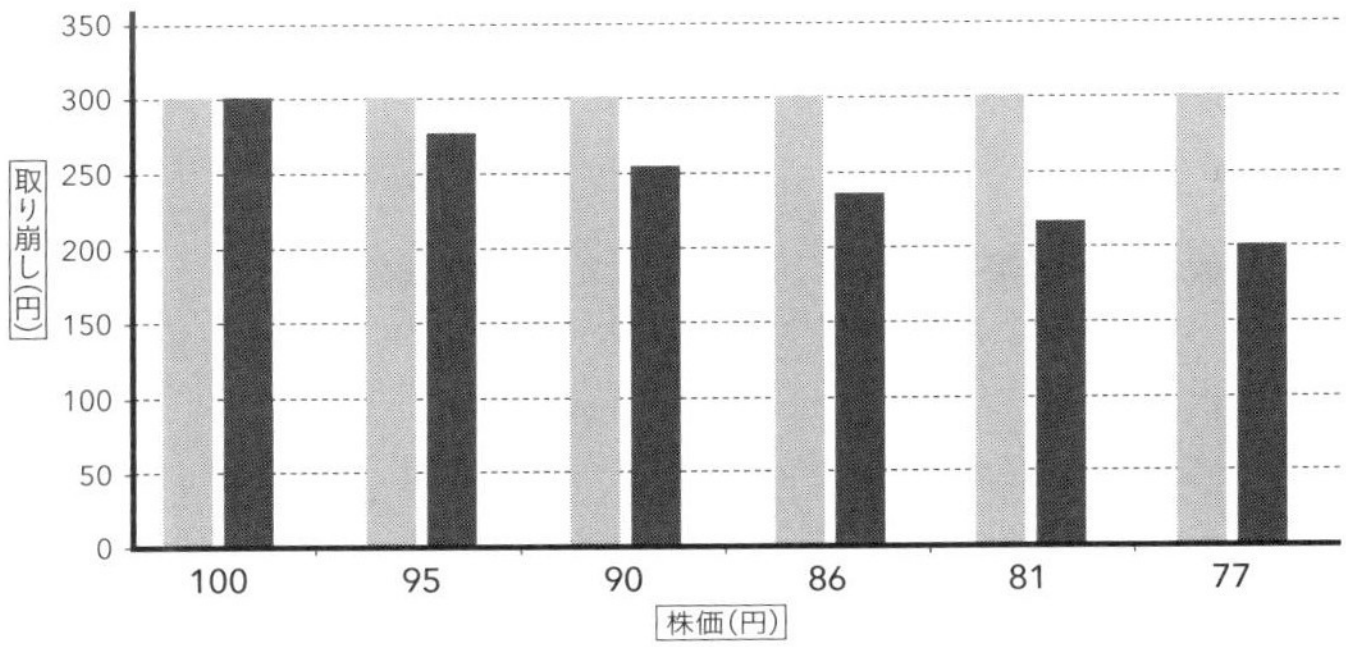

●保有口数100から、毎年保有口数を3〜7%
取り崩した場合のシミュレーション

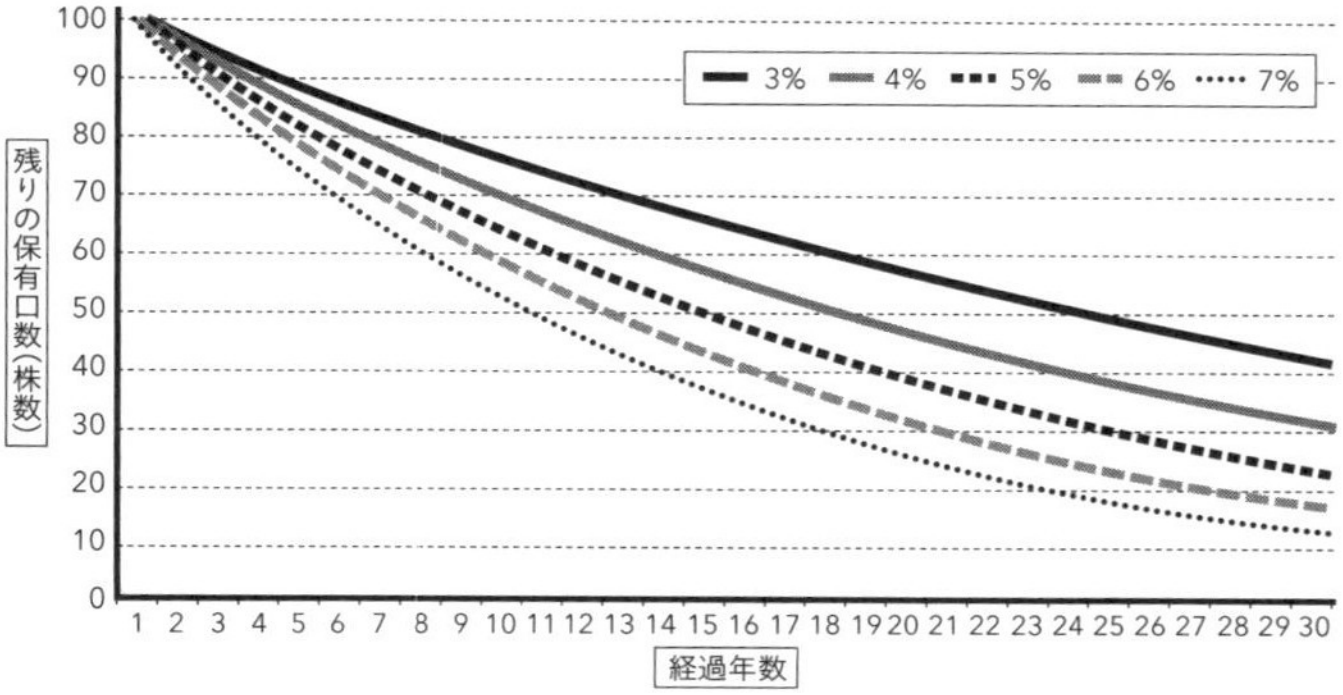

予測できます。1年目の保有口数を100として、毎年保有口数を3〜7%取り崩した場合の保有口数のシミュレーションは上のグラフのとおりです。

自分の好みに応じて何%で取り崩すか決めるとよいでしょう。たとえば、気力・体力のある若いうちに多く取り崩したい人は、定率のパーセンテージを大きくすることで、多くの口数を取り崩せます。

以上をまとめると、P241の表のとおりです。

■病気、死亡時。不慮に備えておくべきこと

自分が死亡することを想定して準備できることとして、次のことが挙げられます。

・証券口座を一本化する
・証券会社名を家族で共有しておく

事務的な話ですが、上場株式の相続の際には、株式を預けている証券会社が判明しているか判明していないかで対応が異なります。判明していない際は**「証券《しょうけん》保管《ほかん》振替《ふりかえ》機構《きこう》」**に情報開示請求が必要になるなど、相続にあたって追加の手続きが必要です。証券会社名を家族に共有し、証券口座も少ないほうが、手続きは簡素で済みます。

また、複数の証券口座で株式を保有していると、確定申告に手間がかかります。私も以前、3つの証券口座で運用していましたが、確定申告が煩雑になるデメリットを感じ、メイン口座1本での運用に戻しました。

■（おまけ）FIREにおける「4％ルール」私の見解

4％ルールとは、**毎年の資産残高×4％を取り崩す**ものです。

平たく言うと「米国では過去、株式と債券に投資をして毎年4％ずつ取り崩していけば、30年以上が経過しても資産が目減りする確率は非常に低かった」という、いわば過去一定期間のデータから導き出された説です。日本でも通用するかについて私の見解を述べます。

4％ルールとは、過去の傾向であり、将来を規定できるものではなく、米国株の将来も同様に、保証できるものではありません。たしかに数字というのはわかりやすく、また期待を持たせやすいものでもあります。あくまで過去における、米国での物価上昇率や株式の収益率に導かれた数字であるため、日本に当てはめるには、物価上昇率の違いや為替リスク、税制の考慮など、追加的な仮定や前提条件が増えすぎます。

そのため、参考程度にとどめたほうがよいというのが私の率直な考えです。人によって資産の何％を取り崩すのが適切かは「FIRE後の収入・支出・家族構成など多

くの変数によって変わる」からです。

他者の他者による過去の統計から導かれた数字を参考にするのではなく、自分なりに考えたアプローチのほうが、あらゆる面で応用が利きます。ここでも主体性がポイントです。

拙著『本気でＦＩＲＥをめざす人のための資産形成入門』で４％ルールに一切触れていないのは、そういう理由からです。私がＦＩＲＥを目指していた頃は、４％ルールなるものは耳にしていませんでしたが、たとえ耳に入っていても参考にはしていなかったでしょう。

第5章

集中の思考法

―自らの頭で考えて考えて考え抜け―

修練

16

「徹底的やり込み」で得られる財産

以前、北海道に滞在していたときのこと。

5時に起床し、1日じゅう家の庭で雑草抜きをやり込んでいました。100平方メートルほど、テニスコート片面の広さです。雑草抜きにどんだけ時間かけとんねん（笑）と思うかもしれません。

しかしたとえ雑草抜きでも、**「徹底的にやり込む」ことで自分の価値観や適性、心地よい塩梅が見えてきます。**

まず手で地道に雑草を抜く。中腰で抜く。しゃがんで抜く。下半身が疲れてきて、最後はあぐらをかいて座り込んで抜く。

6時間もやると翌日の筋肉痛が激しすぎて「こりゃアカン」となる。ほな、4時間にして翌日の疲れ具合を見よう。それでもしんどければ3時間、と「自分にとって心地よい塩梅」が見えてきます。

雑草は根っこから抜かれても、10日も経てばまた芽が力強く出てくる。まさに雑草魂。人力の無力さと自然への畏敬も芽生えます。

次は草刈機（棒状の先端にある円形の刃を回転させて草を刈る機械）を使ってみる。しかしやわらかい草や、生い茂る密度が低い場所はうまく刈れないうえに根っこは残るので、数日でまた伸びる。まさに「根こそぎ」抜くと効果的。そんな雑草の関連ワードも頭をよぎる。

そして、自然のなかで活動する気持ちよさ、雨で一気に雑草が伸びるという自然の

変化を感じ、自然と対話している感覚を覚える。そうしているうちに、興味があった農業や林業への関心もさらに強まる、といった具合です。

やり込むと見えてくる「可能性という名の宝」

この経験がＦＩＲＥ後の、農業や林業体験、家庭菜園につながっていきました。**一見、無関係に見える雑草抜きを「やり込んだ」**からです。

ゲームもそうです。

ファイナルファンタジーXIというオンラインゲームを、中学・高校時代の3年間でプレイ時間が365日を超えました。つまり1日平均8時間以上。夜中もやり込み、学校の授業は熟睡、教科書はよだれでシワシワ。ネット掲示板「2ちゃんねる」で私のキャラ名は「廃人」として晒されました。

子どもに長時間のゲームをやめてほしいと思うのが親心です。当時親に、「昼夜逆転。健康にも成長にも悪いで」と何度もやめるよう促されました。ひきこもりになる、と本気で心配していたそうです。

ただ、一見無駄に見えるゲームも無駄ではなく、「好きなことなら異様に熱中できる」ことを知りました。のちにゲーム熱が急激に冷めたことで、「興味がなくなると一切やらない。つまり自分は極端なところがある」ことも知りました。

やり込みすぎて、現実世界で高く売れるアイテムを入手。育成キャラも強くなり希少価値が生まれました。

これがのちに為替取引の原資となります。ゲームが資産運用につながった瞬間でした。

水泳もそうです。

一時期、早く退社できた日はすぐプール。旅行のときも海パン片手に近くのプールを検索。挙句の果てに、プールがあるところを旅行の目的地に。

最初はクロールで長く泳げず、50メートルでしんどい。しかし旅行中も泳ぎを同行者に動画で撮ってもらい、フォームチェック。フォームも綺麗になるにつれ、いつしか1キロメートルをノンストップでラクに泳げるように。こうなるともうハマります。まるで羊水の赤子。水に抱かれる心地よさ、極度のリラックス、いつまでも泳いでいたいと思える快楽。継続が変化を生みます。

筋トレもそうです。

プロテイン、1日1食・2食・3食・5食、高たんぱく・低脂質の徹底、軽い糖質制限、自重トレーニングのみ、ダンベルを加えるなど、ひたすら試行錯誤。

毎日体重や筋肉量を計測し、外見の変化も観察。結果わかったのは、身体は個

人差が大きく、だれかと同じ食事法やトレーニングをするより、自分の身体の声を聴いて自分に合ったスタイルを見つけることが大切であると知りました。

投資と同じです。自分の状況や特性・好みは他人と異なるので、結局は自分が心地よく続けられる方法を模索し続けることが大切です。

これらすべてに共通するのは**「徹底的にやり込んだ」**ということです。

好きなことだからできる、というのもありますが、「やり込むと、かならずなにかをつかめる」という確信を経験則として持てるようになりました。

最近は、国際情勢や経済・金融など海外のレポートを読み込んでいます。これもいずれなにかにつながると信じて続けています。

自分の能力に気づける・いかせる

ほかにも、

北海道の雪かきにせよ、
ひたすら階段を上ることにせよ、
高尾山に100回以上登ったことにせよ、
仕事における特定の業務にせよ、
留学での中国語・経済学の勉強にせよ、
一時期の英語の勉強と発音にせよ、
前著の執筆にせよ、

いずれもやりすぎというぐらい熱中してきました。よくも悪くも、**徹底的にやり込**

まないと見えない景色というのは、やはりあると思います。

仕事も同様です。入社して間もない頃、最初の業務は、言ってしまえばデータ入力です。当初は「データ入力かぁ…、営業してみたいなぁ」という気持ちも正直ありました。

しかし全力でやっていくうちに、こなせる案件や担当顧客もどんどん増えます。大量にデータを入力したからこそ顧客ごとの傾向が頭に入ります。

社内の営業マンに顧客ごとの商品や傾向を聞かれても即答し、顧客から聞かれても即答できるように。それがまた顧客からの信用や会話につながり、「つまらなそうな仕事」がいつのまにかやりがいに変わります。結果的に、営業の関連業務も任されるようになりました。

「全集中」するには、持たず・こもらず・後まわさず

やりこむために必要なのが集中力です。そのために妨げるものを徹底的に取り除きましょう。

- **(必要なもの以外) 持たず**
- **(家に) こもらず**
- **後まわさず**

私がこの文章を書いているマクド(マクドナルド)に持ってきたものは、サーフェス・ワイヤレスキーボード・ワイヤレスマウス・スマホ・白湯・海パンのみです。海パンはいつでも泳げるようにだいたい持ち運んでいます。話がそれました。

また、マクドに来る前に、食器洗い・家の掃除などその時点でやるべき雑務をすべ

てやり終えます。後まわしにすると、「後でやらな…」と気になって集中力を奪われるからです。

脳が認知できる短期記憶は７つまでと言われますが、**後まわしにした件数が多いほど、脳は疲弊する**と実感しています。

とくに家は、すぐソファ・ベッド・床にゴロンできます。ゴロンしてスマホを持った瞬間、アウト。集中力が切れます。また、普段リラックスする空間である家で集中モード全開はときに困難です。

自宅で集中して映画を観られなかった経験はないでしょうか。ついスマホを見たり、ほかのことをしてしまうからです。映画館では座っているしかありません。「映画を観る」以外の選択肢がないので集中できます。

同様に、カフェやファミレスにパソコンしか持っていかなければ、作業するしかありません。さらに、人の目があります。カフェで寝転がり、鼻をほじったりしないでしょう。つまり誘惑を断ち切れ、自制もききます。

集中

前著のほとんどをマクドで執筆しました。執筆以外やることがないので、必然的に集中できます。書店で前著を見かけると、当時マクドで流れていたＢＧＭが脳内再生されるほどです。

仕事では、正解がわからない業務、骨の折れそうな業務を後まわしにして日常業務に取り組むより、難題にある程度の道筋をつけてから日常業務に取り組むほうが集中できます。

たとえば、気をつかう仕事相手のメールは、返すのがおっくうで、後まわしにしがちです。しかしそういう人にこそ、敬意を払って真っ先にお返事するのが礼儀でもあり、自分の負担も結局は軽くなります。

集中できるときの共通点として、「よし、差し当たってやらないといけないことは、すべてやり終えた」という爽快感があるときです。集中力が分散せず、「後まわしにしている」といううしろめたさもありません。

継続と結果を「見える化」する

やり込むためには強いモチベーションも必要です。意欲がわく仕組みを整えることです。

■結果や努力量、継続日数を記録化する

私がFIRE達成まで配当金の積み上げにこだわった大きな理由は、努力量と結果が目に見え、**強烈なモチベーションを保てる**と思ったからです。

毎月給与の8割で株式を買い続けることで、配当金は増え、「今日より明日、今年より来年。配当金が成長していく」という実感を持てます。

そして、一目でわかるように、毎月の受取配当金のグラフをつくってブログで公開しました。

ほかにも雪かき、雑草抜きは、やったらやっただけ雪と雑草が減るので成果が一目

でわかります。水泳や登山は、行った日をカレンダーアプリに記録し、上達や成長を感じた内容をブログにも記録。振り返って継続日数と成果が一目でわかるようにしています。

努力量、継続日数を一目でわかるように記録しておくと意欲がわきます。継続日数が増えれば増えるほど、記録が途絶えるのがもったいなく感じ、継続意欲の低下も防げます。一石二鳥です。

負の感情をエネルギーに昇華せよ

失恋によってスポーツや勉強に打ち込んだことはないでしょうか。悲しみがエネルギーになる好例です。

私の会社員時代のブログ記事を読み返すと、自由に対する強烈な渇望や不満があったからこそ文章に独特の勢いと熱量があります。

不満や怒り、劣等感や悲しみなどの負の感情は大きければ大きいほど、やり込む絶好のチャンスです。負の感情が渦巻いたそのとき、「チャンスや」と心に響かせ、仕

事や趣味など、打ち込めるものに没頭してください。**事態を好転させる材料にすらできます。**

表面をペロッとなめただけでは、たいてい全貌は見えていません。奥深くまで徹底的に掘って掘ってほじくりかえすことではじめて自分にしか見えないお宝がみつかります。人生はそんな宝探しだと思うと、ワクワクしませんか。徹底的にやり込むことで、きっと人生が豊かになる感動や発見があると思います。

修練

17

小さなタスクの分解法

目標や課題、解決に向かって進むとき、「なにから取りかかればいいかわからない」ということはないでしょうか。

そのようなときは、小さなタスクに分解して、道筋を立てることです。

たとえば、私がＦＩＲＥを目指すにあたって目安としたことはこちらです。

「月20万円の配当金を得る」

月20万円の収入が1つできれば、人生の選択肢が増えます。サラリーマンから生き方を変えるときに、経済的・精神的に大きな保険、後ろ盾になると考えました。
年数や数字はおよその値とし、税金を除いて簡略化すると、次のような思考プロセスです。

①月20万円の配当金を得る
②そのためには、株式へ投資するための元手（原資）が必要
③いくら必要？
④配当利回り3％の株なら、8000万円、4％なら、6000万円
⑤6000万円を30歳までに貯めるなら、新卒から約7年、毎年850万円を貯めることが必要

⑥給料から支出を削るだけでは難しい
⑦あらゆる方策を考えて資金を貯めるしかない
結論：自分でその方策を考え続けることが課題

このように、小さなタスクに分解すると、課題やポイントが浮き彫りになります。**「小さなタスクの分解法」**として提唱させていただきます。

次に、「資金が必要」という課題が見えたところで、資産形成について細分化します。資産形成の3つの要素、「給料・支出・その他」にわけて考えます。

■ **給料…会社の雇用体系は年功序列。転職しないかぎり、給料を上げることは難しい**

■ **支出…人生の満足度や経験をそこなわない「支出の最適化」によって支出は減らせる**

■ **その他…お金を貯める有益な方策をチェック**

私が大切にしていたのは、「少額を軽視しない」ことです。学生時代、祖母との会話で「どうせ10円しか変わらんし」と私が言うと、「だれも10円くれへんで〜。大切にしなはれ」と、諭してくれました。

お金を貯めるために、具体的に次のようなことをコツコツとやっていきました。

■「クレジットカード」の有益情報に先手

社会人になれば、飲み会や出張の精算など、生活費以外の支出も増えると考えました。

その支出を新卒から30歳までの７年間で考えてみます。

年間支出２００万円とすると、７年間で１４００万円。この金額を現金で払うのか、還元率が実質２％のクレジットカードで払うのかで、差は28万円生じます。

私は還元率の高いカード、かつお得な制度のあるクレジットカードを使うことにしました。旅行は存分に行きたかったので、ＪＡＬのクレジットカードにし、マイルに換えて高い還元率も享受したいと考えました。

前著に記したとおり、弾丸のマイル修行でＪＡＬグローバルクラブのカードを得ます。家族にも恩恵あり、家じゅう歓喜です。

歩く〝福利厚生マン〟になる

企業には、福利厚生と呼ばれる制度があります。勤務先の企業や役所等によって内容や充実度は異なりますが、一部ホテルの宿泊費の優遇、外部機関での研修費の軽減、金利が市中より高い社内預金など、さまざまです。

これらの情報が記載されている冊子を読み、「自分や家族が活用できる制度はないか」を確認しました。

社内制度の内容はだいたい頭に入っていたので、よく同僚に「こういうときに利用できる制度ってある？」と聞かれるほどになりました。

住宅ローン控除・銀行の金利優遇制度を掌握《しょうあく》

人生で大きな買いものの１つは、家です。当時は日銀の金融緩和によるインフレリ

スクをふまえ、家の購入を検討していました。大きなコストをなんとか上手に削れないかと考えた結果、「住宅ローン控除」と「低金利」という2つの強力な支えを見つけました。

さらに大手銀行では、住宅ローンを組む際に、同行で定期預金や投資信託などを保有していると、利率が優遇されることがわかり、その条件に合致することもわかりました。

すると、固定金利の金利負担よりも、住宅ローン控除等の額のほうが大きいことが判明しました。つまり、家を買い、住宅ローンを組んだほうが金利の観点からはお得であることを意味しました。

住宅ローン控除のようにぶら下がっている特典はつぶさに調べ、活用できるものは活用するぐらいの心意気があってもいいと思います。自力だけでなく、他力本願もときに必要です。

また、運よく住宅を購入した額よりも、数年住んだのちに売却した額のほうが結果的に高く、手数料などの諸費用込みでも実質的な住居コストがほぼゼロという結果に

なりました。

私が売却の際に選んだ仲介業者からは、「いまは市場が冷え込んでいるので」と計4回にわたって値下げを勧められました。

しかし私は「早く売買が成立して手数料がほしい仲介業者の心理を考慮すると、焦る必要はない。何度値下げを勧められても、自分の希望売却価格で買い手が見つかるまで、売値は変えない」という方針でした。

結局1か月後には、買い手が見つかり、希望価格で売却できました。とくにビジネスでは、1章で述べたとおり利害関係者の立場や収益構造を理解しておくことが必須です。

なお、不動産の売買にあたっての物件本体価格以外の諸費用（仲介手数料など）は仲介業者に問い合わせれば教えてもらえます。事前に確認しておくことで、希望価格を考える材料にもできます。

収入を増やす「基本動作」の徹底

サラリーマンが資産形成を加速するには、給料以外の収入を増やすことも選択肢になります。

たとえば、株式投資などの資産運用やブログ等の副業による収入が挙げられます。私は配当金について、まず月5万円、と目標をまずは小さく設定し、そして順次、月10万円、15万円、そして20万円へと目線を上げていきました。その経過をブログでもリアルタイムで綴りました。

月5万円を得るには、配当利回り4％として、1500万円が必要です。結局は投資できるお金をいかに貯めるかに尽きます。「支出の最適化」の徹底はもちろんのこと、とにかく必死に模索し続け、その試行錯誤と実践や苦悩などをブログとツイッターで発信し続けました。結果的にブログ収入は副収入となる規模となっていました。

目標や課題、解決に向かって進むときに道筋がぼんやりしていれば、**ひたすら小さなタスクに分解して丸裸にしましょう。**複雑に思えたものがシンプルに見え、道筋が見えやすくなります。

修練

18

手放すことの「利得」

現代を生きる人々は、常になにかに追われています。職場へ行けば仕事に追われ、家に帰れば家事や育児、ＳＮＳを開けば大量の情報を浴び、モノを買っても次々に新しいモノが登場する——。

意識しないと、受け身になり、流されやすい時代です。

モノ、情報、欲、人間関係……。なにかを手放さないと、いつのまにか**自分の意思で手に入れたものではなく、向こうから寄ってきたもので埋め尽くされてしまいます。**

手放すと手に入るもの、一例として「自由と孤独」があります。

ひとり暮らしは自由です。しかし、ときに孤独です。一方、だれかと同居すると、自由を手放す代わりに、孤独を解消できることがあります。

「お金と損得勘定」もそうです。

お金を目的にしていると、行動と言葉に表れます。損得勘定を手放すと、周囲のために行動する純度が高まり、結果的にお金が集まることもあります。

私が手放す意識を持って手に入れたものについてご紹介します。

「長所以外」を手放す→独自性を高める

特定の分野で傑出すれば、独自性や希少性といった強みを持つことになります。強

みがあれば、発言力が増し、過小評価もされにくくなります。

本気で伸ばそうと思ったら、短所だけでなく、長所以外のすべてを捨てる覚悟も必要です。


まず日本の戦後義務教育の特徴を述べたうえで、日本で「長所がどのようになりがちか」考えてみます。

日本の義務教育は、1つの分野で突出した「一点突破型」よりも、どれもある程度できる「バランス型」が評価されやすいシステムです。言われたことをこなす均質な人間が量産されやすい構造とも言えます。模範解答の通りに解くことをよしとする教育は、決まった手順で製品を効率よく、大量生産する人材を育てるには有効でしょう。

しかしその反面、「マニュアル通りにやることが正しい」「言われたとおりにやればいい」「決まった正解以外は不正解」という**無思考で無批判な量産型の人間を生み出してしまう**面も見られます。社会に出れば、正解が決まっていない問題にぶつかります。**自分の頭で解決策やアイデアを出せる人材こそが重宝されます。**

「好き」に狂え、平凡を排せよ

「さかなクン」の愛称で知られる東京海洋大学名誉博士の宮澤正之《みやざわまさゆき》氏は、「小学生の頃、魚ばかりに興味があり、成績はよくなかった」と語っています。

そんなさかなクンに対し、お母さまは「絵も好きで魚も好きなんだから、そっち頑張りなさい」と言ったそうです。まさに**長所以外を手放し、独自性を磨く方針**です。

世界史が大得意だった友人がいます。世界史以外の科目は、お世辞にもよいとは言えない成績でしたが、世界史一点集中。単なる知識にとどまらず、民族対立の詳細な背景や疫病の歴史まで微細なことを熟知していました。のちに世界史の教師となり、天職を全うしています。世界の疫病史まで熟知しているからこそ、先般の新型コロナウイルス発生の際にも、迅速に独自の視点で分析までしていました。

「好きなことを極めたい」「興味があることをやりたい」と思ったら、ほかのことに費やす時間は自然と減るでしょう。**時間がかぎられている以上、不得意分野を捨て、得意分野に集中することも賢明な人生戦略ではないでしょうか。**

親が子にできることの1つは、さかなクンのお母さまのように、長所の芽を伸ばす手助けや導きをすることだと思います。

天職に巡り合うには「なんでもやってみる」

長所を知るには、人生体験を増やすこと、毛嫌いせずにまずはやってみることに尽きます。私も、興味があることや目の前に現れたことに、片っ端から手を出すことにしています。

就職する前、自分が営業部門と財務などの管理部門、どちらに向いているのか、わかりませんでした。むしろ経済に興味があったので、営業より財務や会計に向いてい

ると思っていました。

ところが営業を実際にやってみると、国内外の顧客と話すことが最高に楽しいと思えたのです。逆に会計は、公認会計士のスクールに通ってみたところ、簿記はおもしろかったものの、財務諸表論などの論述にどうも興味が持てず、途中でやめました。当初思っていた得意・不得意が、実は正反対。やってみたからこそ知り得たことです。

執筆もそうです。読書にもともと興味がなく、本をあまり読んでこなかった自分が、ブログを7年以上更新し、本を書くとは思ってもいませんでした。

母も「あんた、日本語書けるんやねぇ(笑)。全然本を読まない子やったのに」と言うほどです。ブログを書いているうちに、文章を書くことに慣れたのかもしれません。

林業や除雪もそうです。自然のなかで仕事ができるのを魅力に感じ、大型特殊免許や掘削《くっさく》・運搬などの免許を取得してまずはやってみました。機械化が進んで作業がラクになった一方、重機に座る時間は長くなります。結局自分は主体的に動きまわれる仕事が好きかも、などと自分の適性が見えてきます。

▒「中途半端」を手放す→最短距離でゴールする

留学時代に、「半年で、現地の大学の経済学部の授業を中国語で理解できるレベルに達する」ために心がけたことは、中国語の環境に1秒でも多くどっぷり浸かることでした。つまり、日本語を使う環境を1秒でも多く「捨てた」からこそ、最短距離での語学習得につながりました。

「半年で中国語をマスターする必要がある」「留学期間は約1年」という期限があるからこそ、1分1秒を惜しむ気持ちがはたらきます。留学にかぎらず、人生も同様です。

FIREを目指すときも、取捨選択をしました。

たとえば会社の飲み会です。飲み会に参加することは、社内での人間関係を円滑にし、学べることも多々あります。しかし投資先の候補となる海外企業の財務諸表を見たり、ブログを書く時間を捻出したり、1日でも早く経済的自由を達成する方法を考え続けるためには、飲み会にすべて参加する時間はありませんでした。突き抜ける結

果を得るためには、**「すべてを得よう」といった、どっちつかずの甘い考えは捨てる必要**があります。

■「浪費」を手放す→価値観を確立する

たとえば、住む場所。

私は自分の価値観を知るために、一時期グレードの高いマンションに住んでみたことがあります。

「駅近で便利」「夜景も綺麗」「窓も大きい」「床暖房もあって快適」

最初は「ええなぁ」と思いました。しかし3か月もすれば、最初の3つは慣れ、特別な感慨は消えていました。

床暖房もたしかに快適です。あったかいし、気持ちええなぁと。しかし一方で思いました。「登山用のウール素材のぶ厚いソックス穿いて、家で動きまわってればじゅうぶんあったかいやん」と。

「運動になり、健康にもよい。床暖房は人間を怠惰にさせる面もあるんちゃうか」と。

便利なものはよい反面、同時になにかを失っています。階段ではなくエスカレーターを選ぶと、運動する機会を失っています。身体を温めるために工夫する機会を失っています。そんなふうに考えるうちに、都会のグレードの高いマンションは、多くのお金を払ってでもほしい対象ではなくなりました。

たとえば、衣服。

私は大学生の頃、ＦＸ（外国為替証拠金取引）が一時的に好調で羽振りがよく、ブランドもので身を固めて「好きな街は代官山」なんて時期もありました。

いまの自分とは正反対の身なりですが、このような経験があったからこそ、「ブランドものより、ユニクロや、登山用の服のほうが機能的やなぁ」と感じるようになりました。

いろいろ試したことで、自分はブランドより、軽さ、速乾、温かさや動きやすさといった機能性を重視すると知りました。

たとえば、旅行。

これもグレードの高い旅館、ビジネスホテル、めちゃくちゃ安い民宿などいろいろ泊まってみると、「旅行ではホテルにある程度お金をかけたい」「人情味のある家庭的な宿は、古かろうが好き」といった自分の好みが見えてきます。

自分の価値観が定まってくると、「浪費」という概念がなくなります。「必要なものにお金を使う」という軸がぶれないからです。

「そもそも自分はお金をそんなに求めていないかもしれない」
「現代は、たくさんのお金がなくとも生きていける」
「幸福度を最終的に決めるのは、お金ではない」

資産形成をするにしても、**「人生でどの程度のお金を必要としているのか」**といった自分の価値観を知らないと、羅針盤なしに航海に出るようなものです。

物事の両端を知ることで、自分に必要のないものや心地よい塩梅といった価値観がわかります。

「余計な言葉」を手放す→言葉が洗練される

社会人になって見た、印象的な動画があります。プレゼンの技法に関する動画で、キーワードは、「Simplicity（シンプルさ）」でした。

「パワーポイントのスライドの中身を極限までシンプルにしなさい」という教えです。ZEN（禅）の教えをモチーフに、シンプルさの重要性が説かれていました。

「余分なものをそぎ落とすことで、重要なことが見えてくる」
「空白があることで、主張を明確に、強くする」

強く共感しました。なぜなら、シンプルさを追求することは、プレゼンテーションに留まらず、文章や会話でも応用できると感じたからです。

就職活動のエントリーシートもそうです。

私がエントリーシートを書く際に心がけたことは、**「文字数を極限まで削り、読む相手にイメージしやすい文章にすること」**です。

エントリーシートを書く際の大切なテクニックは、これに尽きると思います。エントリーシートは文字数が限られており、会社の採用担当者が読むエントリーシートは膨大な量です。最小限の文字数で、読みやすくイメージしやすい文章は印象に残るでしょう。印象に残らないと埋もれます。

エントリーシートにかぎらず、文字を扱うものすべてに言えます。会社で作成する資料もそうです。

テレビの取材を受けたときもそうでした。とにかくシンプルで、短く、メッセージ性の強い言葉を求められます。尺にかぎりがあり、わかりやすさが重視されるからです。

修練

19

スマホの奴隷になるな。「すきま時間」の攻略法

すきま時間。これ膨大です。

電車の待ち時間、通勤などの移動時間、ランチ後の昼休み、人を待っている時間――。

毎日30分なら、1年で約180時間。約1週間に相当します。

すきま時間をいかに活用して積み重ねるかで、人生は変わります。

「時間がない」と言う人にかぎって、すきま時間を軽視しています。
忙しい現代だからこそ、「すきま時間の活用」が重要です。

すきま時間に生きざまレベルアップ

すきま時間に受動的であるか、主体的であるかで、人生に差がつきます。

■ **移動時間**

受動的：絶え間なく流れてくるスマホの通知で反射的に画面に指を伸ばし、情報のシャワーを浴びることに終始する

主体的：自分の知りたいことを知るために読書や勉強をする

■仕事

受動的：会社や上司に言われるがままこなすことに腐心し、自分の頭で考えることをやめ、量産型ロボットになる

主体的：仕事の目的や意義を考え、仕事を通してなにを実現したいのか、自分がどうありたいのか、自分の専門性をいかせることはなにか、を考える

■待ち合わせ時間

受動的：手持ちぶさたゆえに、何気なくスマホを手に取り、目に入ってきたニュースを開き、気づいたら10分経過

主体的：待ち合わせ10分前。相手の性格を想像し、ランチする場所はどこがいいか、静かで話しやすい場所か、お茶まで済ませたほうがいいか、などと相手がよろこぶお店を探す

このように主体性の有無で、人間関係・仕事・人生は一変します。

暗記や復習、継続まで「積み上げ力」がつく

私がすきま時間にやっていたことを振り返ってみます。

北京での留学中は、常にＢ６サイズのノートと電子辞書を持ち歩いていました。学んだ文や単語を必ずノートに書き、電子辞書の単語帳に登録しました。かならずその日に学んだ文と単語を復習してから寝るようにしていました。

何度も復習して身体に染みこませる、最良の勉強法です。

ブログの更新もそうです。

ＦＩＲＥを達成するその日まで、毎日のブログ更新を自分に課していました。達成までの軌跡を赤裸々につづることで、「同調圧力に全力であらがう日本人もいる」「経済的自由を得て、自由で主体的に人生を描く生き方もある」「サラリーマンでも努力次第で自由に生きられる」、そういう生き方を明確に示し、画一的な社会に一石を投

じるためでもありました。そして、どこか社会の活力を失いつつある日本で、生き方を模索しながらもがいている多くの人々の閉塞感を打破する希望のようなものを与えられれば、という思いもありました。

ブログを毎日更新するためには、**すきま時間も絶えず「なにを書くのか」を考え、情報に敏感になり、物事を深掘りする**必要があります。

そうでなければ、着想は尽き、納得のいくブログ更新はできなかったでしょう。

そうした時間の1つひとつが100となって集積し、FIRE達成時には月間100万アクセスを超えていました。

答えが明確な作業は「すきま時間」に片づけろ

会社員時代とFIRE後では、すきま時間の使い方も大きく変わりました。すきま時間の使い方がいろいろできると、パフォーマンスも上がります。

会社員時代。

すきま時間さえない忙しい時期がありました。

部署内で一番多くの案件を担当し、残業時間が月100時間を超えることもありました。常にやることが山積していたので、優先順位をつけることが必須です。

頭を使う作業はまとまった時間が必要ですが、**答えの明確な事務作業なら、わずかに生まれたすきま時間に片づけるのが効率的**です。

接待や出張の精算、伝票の処理。顧客へ定期的に送るメールの下書きを済ませておき、不足していた数値を後から入れるだけでメールを即座に送れるようにする。明日の自分のしんどさを少しでも和らげるために、準備をしていました。

FIREしたいま。

すきま時間は、もっぱら読書。かならず1冊はリュックに忍ばせます。

目的は、世界観を広げるためです。本を読むことで追体験ができ、新たな知識と好

奇心がつながって新たな発想も生まれます。

電車の待ち時間、人の待ち時間、移動時間は本や海外の論文や記事を読みます。逆に本を持参し忘れると、後悔するほどです。

モチベが下がったときは自問のチャンス

もちろん、人間ですからやる気の波は正直あります。いつも時間を有効活用できているとは言えません。1日中オンラインゲームをして「今日なんもしてへんやん…」と思う日もありました。

それでもやはり人生は積み重ねです。そんな1日を過ごした自分も認めつつ、前を向くしかありません。「1日の過ごし方を変えよう」という強い決意の原動力にもなります。

「こんなこと続けて、なにになるねん…」

モチベーションが下がったら、チャンス到来です。

なぜ自分はその疑問を持ったのか、じゃあなにをしたら納得できるのか、そのためにはなにが必要なのか。自分に問うて、考え抜いて、行動していきましょう。負のエネルギーを正のエネルギーに昇華させ、着実に積み上げていきましょう。

他人への奉仕は自分への奉仕

たとえば、だれかと旅行しているとき、ひまな時間があるとします。友人たちがスマホを見ているとき、友人がお風呂から上がるのを待っているとき。

「ひまやなぁ」と思ったら、チャンス到来、歓喜の瞬間です。

「なんか役に立てることないかなぁ」と意識を他人に向けるチャンスです。

職場、大切な人、友人、家族へのお土産について考えるもよし。
一緒に旅行に来ている人に「なにしたら喜ぶかなぁ」と明日の旅程を考えるもよし。
ＳＮＳやブログをやっているなら、読者の役に立つ発信を考えるもよし。

他人に奉仕していると、自分の心持ちもよくなり、相手との関係性もよくなります。人間関係がよくなると、人生は好転します。

もちろん、目標や優先順位の高い作業があるなら、それに打ち込んでからでもいいです。私もＦＩＲＥを目指していた頃は余裕がありませんでした。ただし、ブログ読者に向けて自分が発信できることは考えていました。

しんどいときこそ、他人のためになにかをすることで、結果的に自分も救われることがあると感じていました。

少しでも余裕を持てたならば、目の前にいる大切なだれかのためになる時間にあててみてください。結果的に、自分のためにもなると思います。

修練

20

長期的視点で「健康維持＝資産形成」しよう

お金で健康は買えません。資産形成よりむしろ、健康増進こそ若いうちから意識してきました。

「健全な精神は健全な肉体に宿る」という言葉があります。体が健康であれば、精神も健全である、という意味です。

集中力を維持するためには、質・量ともに充足した睡眠と食生活が欠かせません。

パフォーマンスを下げる「悪質睡眠」

▒短時間睡眠

業務や飲み会、接待などの有無にもよりますが、朝7時半には出社して、22時までに眠れるように努めていました。

会社の飲み会を取捨選択していた理由の1つは、睡眠時間を確保したかったからです。飲み会に最後まで参加すると、睡眠時間は3〜4時間。睡眠の量・質が不足すると、翌日が犠牲となり、パフォーマンスは明らかに低下します。ベストな睡眠時間は個人差がありますが、身体を休ませるためにも6〜7時間は取りたいところです。

▒寝る前スマホ

睡眠の質を高めるために、私は寝る2時間前からはできるだけスマホを見ないようにしています。

「寝る前にスマホを見るときは、ナイトモードにしてブルーライトオフの画面にしましょう」と聞きますが、それだけではじゅうぶんでないと感じます。スマホを見ると、集中します。眉間にしわ、寄っています。おでこに力、入ってます。

そもそもスマホは「画面にくぎづけにさせる設計」があります。リラックス状態（副交感神経優位）ではなく、心身が興奮モード（交感神経優位）に傾き、入眠や睡眠の質は下がると個人的には感じます。

とはいえ、寝る2時間前にスマホの電源を切れるようになったのは、サラリーマンを辞めてから。会社員時代は四六時中、海外からの電話も含めて連絡を取れるようにしておき、業務状況を把握する必要もあったので、あくまでできる範囲で、といったところです。

ヘトヘトな身体をいたわる食事法

▒胃をカラッポにして就寝

夕食時間は仕事の関係で、なかなか理想どおりにいかないものです。私もそうでした。接待や飲み会などでは、細かな作法や会話への意識で自分の食事どころではないこともあります。

夜遅くまで残業が続けば、深夜に夕食をとり、すぐ就寝です。食後すぐに寝ると消化器官がはたらくので睡眠の質も落ち、なにより身体が疲れます。

そのため、「残業が長引きそうなときは、先に食事を会社周辺で軽く済ませる」などして、できるだけ胃の中を消化し終えてから寝るように努めていました。

食事を済ませずに夜遅くまで仕事をしなければならない人は、消化負担が軽い魚と野菜がおすすめです。たとえば、お刺身と味噌汁でタンパク質と野菜を腹六分目にするなど。油を使った炒めものや揚げものは消化の観点から避けたほうがよいと感じま

した。

FIRE後は、寝る4〜5時間前には夕食を終えられるようになりました。翌日の体調は明らかによく、身体が軽い。食べる時間も重要であると実感します。

茹で・蒸し・煮込み料理で老化防止

我が家では、基本的に平日の食事や家事は私が担当です。

基本的に自炊。調理法は、お刺身などの生もの、そして茹で・蒸し・煮込み料理が中心です。消化しやすく、老化しにくい傾向が認められるためです。

AGE（終末糖化産物）と呼ばれる老化物質は、「加熱する温度が高いほど、より多く発生する」とされています。揚げもの、炒めものよりも、茹で・蒸し・煮込み料理を食べるほうが老化しにくいことになります。

しかし完璧を求めると大変なので、あくまで「できるだけ意識する」かたちです。ジャンキーなものや揚げものが食べたくなるときもあります。

添加物の少ないもの、自家栽培の野菜を

人間の身体は食べたものでできているので、私は食品の安全性にはとくに注意を払います。日常生活でも、お金をかけてもいいと考えています。

いまはさまざまな加工食品や調味料があります。たしかに便利です。しかし本書で繰り返し述べてきたとおり、「便利さ」というオモテには、かならずウラがあります。原材料を見ると食品添加物などがたくさん入っています。

調味料を買うときも、裏の原材料を見て、添加物の少ないシンプルなものを選びます。単純にそのほうが美味しかったりします。

家庭菜園も始めました。大葉、小松菜、ミニトマト、ナス、ピーマン、オクラなど、農薬は使わず肥料も使っていませんが、それでも育つものです。春先の小松菜などは虫がつきやすいので、網を張るなどの工夫が必要ですが、本当に美味しいです。スーパーで買うお刺身によくついている大葉と、自家栽培の大葉を食べ比べると、本当に

同じ食べものなのかと思うほど味と香りがちがいます。

家庭菜園をすることで、植物への慈しみまでいただいている気がします。

自給率向上を目指して日本人が意識したいこと

できる限り国産食材を選ぶようにしています。

日本の食料自給率は38％（カロリーベース、令和3年度）で主要国のなかでも著しく低い水準です。第二次大戦以降、他国から平和に輸入できているからこそ私たちの食卓が豊かに見えますが、ひとたび有事で貿易がストップすれば、多くの食材が食卓から消えかねません。食料、資源、エネルギー。これらは、自国で供給できないと有事の際にあっけなく社会が崩壊しかねないものです。

この現実を多くの人が認識し、日頃から国民1人ひとりが食料自給率の低さに対して危機感を持つことが大切だと思います。私はＦＩＲＥしてから農家で1年間はたら

き、各地の農家民宿をたずね、愛情を込めて農作物をつくる姿を目にしました。

日本固有の和食は栄養面から考えても素晴らしい食文化です。私は1人の日本人として、国内で完結する食材をとりわけ大事にしたいと思っています。日本の食の安全保障を考えるうえでも重要な観点だと思います。

デスクワークによる血流の悪化は「歩き」で阻止

座る時間が増え、常に電子機器に接して仕事をするのは現代ならではです。

人間は進化学上、定期的に一定の運動量を満たした場合に、脳の働きが活発になるとされ、それを示唆する研究結果もあります。人間は古来より長い間、狩猟や移住を繰り返してきました。

現代においては、「主体的に歩く」という意識が欠かせません。

・オフィスで上の階に書類を届けるとき、階段を利用
・昼休みは階段で地上に舞い降り、食後に散歩
・アイデアが浮かばないときは、とりあえず散歩
・仕事で答えのない問題に直面し、行き詰まったら散歩

留学中に現地の法律事務所でインターンをしたとき、外国人の同僚は煮詰まった際にぶつぶつ言いながらよく歩いていました。

デスクワークで疲れないためには、動くことです。30分に1回は、立ち上がり、できるときは立ったままかかとを上下させたり、屈伸するようにしていました。

あるときは、車で助手席と後部座席に座ってみて、後部座席のほうが疲れにくいことに気がつきました。理由として「隣にだれもおらず、足を伸ばしやすく、体勢を変えやすかった」ことが考えられます。

つまり、血流です。身体を動かして、血流を悪化させないことが、デスクワークの疲労軽減にも重要だと考えています。

着想は歩くと「降りてくる」動物だもの

会社員時代、毎週のように登山していました。

山を歩いていると、よくアイデアが降りてきました。自然のなかで、心地よく、頭もクリア、精神も研ぎ澄まされます。頭の回転が活発になるからか、「次はこんなブログ記事を書こう」と思い浮かび、その場で文章を書くこともありました。

本書をここまでお読みの方なら、もう「当然」と書いてもよいでしょうか。当然、私はエスカレーターではなく階段を使います。目前にエスカレーターがあっても、身体はもはや勝手に階段のほうへ吸い寄せられます。

1段ずつ上る、1段飛ばしで上る、かかとから足をおろす、1段ずつ下りる、1段飛ばしで下りる。

太ももの表・裏、ふくらはぎなどそれぞれ使う筋肉が異なります。

運動不足と嘆く前に、そこらじゅうにある階段、使いませんか。階段はいつも静か

に私たちの足をしっかりと受け止め、運動する機会を与えてくれています。この場を借りて、階段に御礼申し上げます。

前著では資産形成の本にもかかわらず階段について当初8ページも原稿を書き、最終的に4ページに割愛となりました。階段という素晴らしい「資源」について書きだすと止まらなくなるので、本書ではこの辺にしておきます。

食事・睡眠・運動は、健全な肉体と精神を育むうえで切っても切り離せないものです。「人間は社会的な動物である」というのが私の持論です。動物は動くからこそ動物。動くことが大切なのです。

第6章

常識の思考法

——世間体の呪いから自由になれ——

修練

21

常識という名の「重たい鎧」を脱ごう

英国への短期留学、中国への留学、欧州・中東・アジアの旅。多様な国の人々と接してきて、感じたことがあります。

日本はよくも悪くも、**常識や普通であ**

ることに対する「同調圧力が強い」「常識を信じている、いや、信じすぎている」というとです。

多くの人が「当然である」と信じた時点で、内容の正誤や合理性などにかかわらず、「常識」となります。つまり、常識は正しいとはかぎりません。

常識と宗教は、似て非なるもの

社会的な観点で「常識」を考えてみましょう。

常識は、「集団をまとめやすい」という側面があり、その点で常識と宗教は似ています。常識と宗教の両方に共通するのは、「共通認識を持つことで、集団に秩序と一体感が生まれる」ということです。

たとえば「社会人（ビジネスパーソン）になったら、スーツを着て、革靴を履く」という常識があれば、「人々は社会人になればスーツを着て、革靴を履く」という秩序と一体感が生まれます。

ビジネスパーソンは、スーツを着るものである。
ビジネスパーソンは、スニーカーではなく革靴やパンプスを履くものである。

私は会社員時代、スーツ着用にいつも違和感を感じていました（社内は階段移動、いっも体はホカホカ、冬でも半袖シャツで出社です。おばさまたちがつけたあだ名は「半袖くん」）。スーツがアウトドア用品のように機能的な服装ならわかります。しかし、ラフな服装でよい企業や業種もあるなかで、真夏の酷暑でも上着を着て汗だくになっている人を見て、「いったい誰得で、なんの苦行やねん」と、スーツでなければならない必要性はどこにあるのかと疑問に思ったものです。

もちろん、正装で相手へきちんとした印象を与えることが目的であることは理解し

つつも、「であれば西洋の衣装ではなく、日本の伝統衣装の裃じゃダメなんやろか？」と、あまのじゃくな考えをめぐらせていました。

就職活動・大学受験という名の「茶番」

社会人になる前の就職活動でも、**スーツに象徴される「常識」**に違和感を持ちました。

留学から帰ってきた私には、日本の就職活動は異様な光景に映りました。就活生はみな同じ髪型に、似たスーツ。紋切型の質問と受け答え。量産型ロボットにすら見えました。

就活セミナーでも、気になる給料や待遇については誰も質問しない謎のタブー感。企業の人事部も就活生も、お互い茶番だとわかりながらやっているかのようにさえ感じました。

大学受験もそうです。

たとえば英語科目。目的の1つは、英語を使って多くの国々の人とコミュニケーションをとることでしょう。

文法や語順・発音の細かい違いや知識を問うよりも、**全体の意味を的確につかめているかのほうが現実的にはよほど大切**です。海外では、文法・語順・発音すべて間違いだらけでも、堂々とネイティブと渡り合っている外国人はいくらでもいます。

たしかに、一見意味がなく無駄に思えることに学問の意義や真理があるという側面もありますが、大学受験の対策として「実用的でない細かい部分を勉強しなければならない」という茶番が生じています。

大学を選ぶ基準もそうです。

本来大学とは「学ぶ」ためにあります。ネームバリューやブランド、偏差値ランキング、就職のしやすさなどで選ぶものではないでしょう。

宇宙法（宇宙空間における各国の活動を規律する国際法）を専門とする学者は、日本に1人しかいないとも言われています。慶應義塾大学法科大学院の教授、青木節子《あおきせつこ》さんです。慶應義塾大学法科大学院に入る理由が、たとえば「青木先生のもとで宇宙法を学びたいから」ならば、主体的で価値ある入学理由だと思います。

「聞こえがよい」「大学偏差値ランキングが高い」という消極的な理由で受験・入学した人

「〇〇教授のもとで◆◆を学びたい」という主体的な理由で受験・入学した人

両者の勉強意欲には、スタート時点ですでに差が生じています。

かく言う私も恥ずかしながら慶應義塾大学を受験した理由の1つは「親に勧められたから」というもので、主体的に選んだわけではありません。結果、慶應に入学しても、1・2年の頃は経済学の授業が実践よりも理論的な内容で興味を持てず、勉強せ

ずに遊びほうけていました。

その後1年間中国に留学し、ようやく危機感を抱きます。早朝から大学キャンパス内の湖のほとりで英英辞典を異様な大声で暗唱し続ける北京大学の学生たち、留学に加えて母国の外交官試験のために国際法の分厚い本を熟読する韓国人留学生。自分も含め友人の東大生たちと比べても、歴然たる差を感じました。あまりに緩みきった自分に愕然とし、不退転の決意で濃密な留学生活へ猛然と突き進みます。

「なんのために大学に入り、大学でなにを学ぶのか」が大切にもかかわらず、人生の重大なイベントである就職活動や大学受験でさえ茶番になりやすいのです。

常識という「正論」で
翼を折られぬように

私が留学から帰国し、日本の大学に復学した頃、とある外国人留学生と友達になりました。木陰に立っていたので話しかけたところ、彼はケンブリッジ大学医学部卒、港区高輪在住の30代半ばの英国人でした。いわゆる俊英（エリート）です。

会社員になってから、彼に私の目標を話したことがあります。

「必ず生活費以上の配当収入を得て、経済的に自立して自由な人生を描く」

彼は驚いて、「株式投資はリスクが高い。配当でまかなうなんて無理だよ、考え直したほうがいい」と言いました。

彼の言葉は心に留めつつも、「自分の内なる声は、自分が一番よく知っている。常識の範囲内の行動では、高い目標は達成できない」と私は意思を固め、目標に向かって走り続けました。それから数年後、現実のものとなりました。

「普通に考えたらさ、〇〇じゃん？」

同僚がよく発していた言葉です。私は思いました。「普通ってなんやろ？　人によって違うやん」と。この言葉はあいまいなうえに、相手に圧を与えます。**「あなたは常**

識から外れている」と言わんばかりの意味を示唆するからです。

会社員時代に違和感を抱いたもう1つの言葉は、「社会人として、こうあるべき」といった社会人論です。言外に「もう学生じゃないんだから」「学生気分が抜けない」という意味が含まれていると思います。つまりこの言葉は、言外に学生を否定しています。

そもそも社会人とはなんでしょうか？　定義のはっきりしないあいまいな言葉には注意が必要です。

平成31年度の東京大学入学式の祝辞で、NPO法人ウィメンズアクションネットワーク理事長でもある上野《うえの》千鶴子《ちづこ》さんがノーベル平和賞受賞者のマララ・ユスフザイさんについて述べたことがあります。

マララさんのお父さんは「どうやって娘を育てたか」という問いに対し、「娘の翼を折らないようにしてきた」と述べています。マララさんは「女の子が奴隷になるのが当然ではない世界、女の子が人生を前進する力を持てる世界があることを、父が教えてくれた」と語っています。

そのとおり、ましてや他人に自分の翼を折られてはいけないのです。

自分の常識からくる正義を振りかざし、相手を否定する人に、翼を折られないようにしましょう。**自分の可能性を決めるのは、常識や他人ではなく、自分**です。

常識を疑うための「魔法の言葉」

子どもは正直ですね。なんでも疑問に思ったことを口に出します。

私の幼少時からの口癖は「これやる意味あるん？」「なんで？」でした。とにかくあらゆることに対して、「なんで？」と聞く、なんでなんでマン。

「なんでこれ食べなあかんの？」

「なんで宿題せなあかんの？」

「なんで学校行かなあかんの？」

母と祖母が面倒くさがらずに、毎回真剣に答えてくれたからこそ、いろんなことに

疑問を持ち続け、問いかけることにつながったのだと思います。

「これってそもそも、なんのためにやるんだっけ？」

この言葉を使って、自分に問うてください。

・そもそもなんのために、大学受験するのか
みんなが大学へ行くから？　勉強したいことを勉強するため？
・そもそもなんのために、就職するのか
お金のため？　家族をラクにさせるため？　自分を磨きたいから？
・そもそもなんのために、学校で勉強するのか
義務教育で決まっているから？　集団生活を学ぶため？

この問いかけは、仕事でも活用できます。

会社員時代、毎週の定例会議がありました。その部署では伝統的に毎週会議をしていたため、「会議は毎週やるものだ」という部内の共通認識がありました。

とある社員の「これ、そもそもなんのためにやるんでしたっけ？」という言葉がきっかけで、毎週から毎月になりました。もともとの会議の目的はプロジェクトの進捗確認でしたが、「現在のプロジェクトに関しては、メールでファイルに記入・共有でこと足りる」と時間の使い方を見直すことにつながりました。

資産運用でも活用できます。

そもそもなんのために資産運用しているのか。資産額をだれかと競うため？　知識欲を満たすため？　自分を安心させるため？　いまの生活の足しにするため？

債務整理を扱う法律事務所が調べた結果によると、投資で自己破産に至る理由として最も多いものは、「当初の目的を見失ったから」でした。

当初は「月3万円でもいいから、いまの生活の足しにしたい」といった目的だった

ものが、不動産投資の営業マンの話を聞いているうちに、いつのまにか「月15万円を得られますよ」という投資案件に引っ掛かり、自分の収入に見合わない過大投資で自己破産するケースが多いそうです。

人間の欲は果てしない。お金が関わる資産運用は、定期的に問いかけをしていくことが大切です。

もう1つ、お伝えしたいことは、**「他人の言説に惑わされすぎるのは考えもの」**ということです。社会通念上、常識的ではないとされること、前例のないことはとくにそうです。日本社会に閉塞感や生きづらさを感じる人が多い原因は、次の3つに集約されると思います。

・普通でなくたっていいという考えが一般的でない
・正解を求められる教育のせいか、不正解を極端に怖がる

・常識を絶対視し、正しいともかぎらない常識から外れることを極端に恐れる

意外に思われるかもしれませんが、中国に留学した当時、日本にいた頃より自由を感じました。「こうでなければばならない」といった常識や同調圧力は皆無で、「普通でいなければばならない」といった同質性への無言の圧力もなく、なんでもアリ。大声で歌いながら街を歩く人がいても、白い目で見るどころか無関心。たまにおもしろがって「なんの歌？」と道端の人が問いかけていました。

髪型、衣服、食事などの日常も、メールの書き方などの仕事面も、人に迷惑をかけない良識の範囲内であれば、過度にかしこまる必要はないのではないでしょうか。

コロナ禍で、「感染対策」という正義のもとに求められる不可解な行動様式が「常識」になりつつあります。常識になった時点で、本来の目的は往々にして見失われます。

「普通でいなければばならない」といった、固定観念を手放せば、より自由に、しなやかに生きられると感じています。

修練

22

固定観念を捨てよ、「物事の裏側」に真実あり

固定観念はやっかいです。

一度自分の中に根を張ると、気づかぬうちに成長し、太い幹となり、「こうあるべきだ」といった原理主義的な考えに至ることもあります。

情報が多い現代では、どんな情報がどんな方向から来ても、スポンジのように柔らかく受け止め、必要なものは吸収し、不要なものは跳ね返す柔軟性が必要です。

私がＦＩＲＥを目指す過程でも「可能性を狭める固定観念には絶対に注意しよう」と感じたことが多々ありました。

■株式投資＝ギャンブル？

新入社員の頃、「株式投資をしている」と同期や社内の人に言うと、「え、あれってギャンブルじゃないの？　大丈夫？」といった反応が多くありました。

いまでこそ資産運用は一般的になりつつありますが、数年前まで「株式投資＝ギャンブル」という等式が成り立っていました。

そう感じるのは無理もないと思います。成功体験が希少だからです。日経平均株価はバブル期をピークとして低迷し続けていました。

身近に株式投資で成功した人がいないと、「株式投資＝資産運用の有効な手段」と感じづらくなります。

もし私自身が「株はギャンブル」という固定観念を持っていたら、FIRE達成もおぼつかなかったかもしれません。

■お金・時間・体力すべては手に入らない？

大学生の頃、こんなことを耳にしました。
大学生は、時間と体力はあるが、お金はない。
社会人は、お金と体力はあるが、時間はない。
老後は、お金と時間はあるが、体力がない。

なるほどたしかに、一理あると思いました。と同時に、「じゃあ社会人のときにお金・体力・時間のすべてを手に入れてみよう」と思いました。

私は無理や不可能と言われているものは、「ほな自分が不可能でないことを証明したろやないか」と考える性分です。

経済的自由を得て自由な人生を描く、というFIRE達成は、すべてを手に入れる

ことになります。

「老後はお金と時間はあるが、体力がない」というのも、はたしてどうでしょうか。

そのような不安を覚える暇があれば、日頃から食事・運動・睡眠に配慮し、筋トレをするなどして努力を重ねれば、平均を上回る体力であり続ける可能性は高まります。

登山家の三浦《みうら》雄一郎《ゆういちろう》さんは、80歳で3度目のエベレスト登頂に成功しています。

■ＦＩＲＥに必要な資産は○○円？　ＦＩＲＥ後は展望が必要？
低収入はＦＩＲＥできない？

「ＦＩＲＥには○○円必要だ」
「ＦＩＲＥにはその後の目標や展望が必要だ」
「ＦＩＲＥは高収入でないとできない」

この手の話題をよく見かけます。

しかしＦＩＲＥの実現性や必要資産額は、人によってさまざまです。３０００万円で幸せに暮らす人もいれば、３億円ないと不安で仕方ない人もいます。

そもそもＦＩＲＥを考えるにあたって、お金は精神的な保険や後ろ盾でしかありません。

不動産投資でも株式投資でも、たとえば戦争や疫病等の想定外の事象で価値が崩れる可能性もあります。現行資本主義が崩壊すれば、瞬時に無価値化する可能性もあります。投資や市場というものは、数々の前提条件のうえに成り立つ砂上の楼閣でしかありません。

ＦＩＲＥ達成後、社会的なつながりを持てず後悔する人もいれば、新しい目標を立てたり、趣味を追求したり、新たな事業や興味ある活動（一般的に「仕事」と呼ばれること）をはじめて充実を感じる人もいます。

年収が低くても、必死に本で知識を得て不動産投資で成功し、ＦＩＲＥを達成した知人もいます。

年収が低くてもFIREした人が実際にいると知れば、「FIREは高収入でないとできない」といった言説に惑わされることはなくなります。

人は自分が知っている世界のなかでしか、可能性を見いだせません。常識や定説、一般的な意見にまどわされず、自分の信じる道を突き進むこともときに必要です。

固定観念を疑う訓練：人生のイベントにかかる費用を洗い出す

FIREの実現性を考えるにあたり、人生にかかる大きな費用を考えてみます。

人生の大きなイベントにかかる一般的な費用は日本FP協会によれば次の通り示されています。これらがいわゆる**「常識が示す数値」**ということです。

■就職活動費：約10万円

リクルートスーツ代・交通費・宿泊費など

（出所：株式会社ディスコ キャリタス就活２０２１学生モニター調査結果）

■**結婚費用：約４６９万円**

結納・婚約〜新婚旅行までにかかった総額

（出所：ゼクシィ結婚トレンド調査２０２０）

■**出産費用：約52万円**

出産費用の総額（入院料・室料差額・分娩料・検査・薬剤料・処置など）

（出所：第１３６回社会保障審議会医療保険部会の資料より出産費用の状況「令和元年度（速報値）」）

■**教育資金：約１００２万円**

子ども１人当たりの総額（幼稚園から高校まで公立、大学のみ私立の場合）

（出所：文部科学省「子供の学習費調査（平成30年度）」、「私立大学等の令和元年度入学者に係る学生納付金等調査結果について」）

■**住宅購入費：約３４９４万円**

（出所：住宅金融支援機構「２０１９年度フラット35利用者調査」）

ではそれぞれの費用について私ならどう見積もるか、記していきます。就活や出産費用は額が大きくないので割愛します。

大前提として、このように調査された平均額は、私は片っ端から疑ってかかります。これらはあくまで「平均値」であり「情報の出所によっては、情報発信者に都合のよい前提や数字になっている可能性があり、金額の妥当性に疑問が生じる」からです。

平均はあくまで平均、自分とはあまり関係ないと解釈します。人生の大きなイベントにかかる費用は、自分や家族の価値観次第でいかようにもできるものだからです。

■結婚費用：約469万円

出所がブライダル情報誌という結婚をビジネスとする業界である以上、高めの結婚費用が算出されている可能性があります。

「他人がどうしているか」が気になる国民性の日本ではとくに、「みんなこれぐらいお金をかけているなら、私もこれぐらいかけよう」という心理が刺激され、結婚費用

の上乗せが期待できるからです。

特別な事情がなく、新郎新婦や両家の親類ともに同意するかぎりにおいては、神社で親族のみの結婚式という選択肢もあります。格式にもよるでしょうが、私が知るかぎり、西洋式の結婚式に比べ、費用が抑えられるケースが多く認められました。

ここでも例のフレーズが使えます。「そもそもなんのために結婚式をするんだっけ？」見栄を張りたいから？　披露宴をしたいから？　人生一度きりの記念だから？　両親への感謝を示したいから？

「結婚式は、かけた金額で測るものではない」という共通認識が家族にあれば、約469万円という平均値は、あまり関係のない数字になります。神社で挙式のみならば、10万円のプランさえあります。もちろんパートナーや親族との価値観の一致やすり合わせ、尊重が必要ですね。あくまで価値観次第です。

■ 教育資金：約1002万円

前提：子ども1人当たりの総額（幼稚園から高校まで公立、大学のみ私立の場合）

教育資金は、たとえば次の項目で大きく変わります。

・娯楽をどう解釈するか
・どこに住んでいるか
・子どもが自分の家庭を裕福だと思っているか

「娯楽＝金銭の対価としてたのしむもの」と無意識に刷り込まれていると、遊園地やキッズパークが娯楽になります。お金はかかります。

逆に「娯楽＝自然という資源とともにたのしむもの」という価値観であれば、山遊びや川遊び、海水浴に田んぼ遊びが娯楽になります。お金はかかりません。

また、たとえば東京で「お受験」をすれば、塾通いなどで費用は必要です。一方で、田舎に住んでいれば、中学や高校が近くになく、下宿費用が必要な場合もあります。

日本で今後フリースクールが一般的になる可能性もあります。仮にそうなれば、費用はさらに千差万別となるでしょう。

私が同級生を見ていて思ったのは、塾に通わずとも成績がよい人もいれば、逆もしかりです。結局は、本人の目的意識や意欲によるところが大きく、費用をかけたからといって、学力が上がるとはかぎりません。

私も高校のとき塾通いしていましたが、まったく勉強意欲がなかったので、好きな科目以外はさぼってばかりいました。友人とワイワイ夕飯を食べることがたのしみで、夕飯後に友人は塾に行き、私は帰宅してテレビの前で放心という始末。お金がかかっているのに親不孝なことをしました。

結局、本人の意欲次第であり、かけた費用の多寡は本質的ではないということです。子どもは親の思ったとおりに育つものではありませんね。

一方、習い事は金銭をかけてでもやる価値があると個人的には思います。私は子どもの頃に「ピアノ・お習字・そろばん・スキー・水泳」と、多くの習い事をさせてもらっていました。

決して裕福な家庭とは言えない経済環境でしたが、「習い事は、亡くなった父さんが、国内外を旅して、外国語を1つ、楽器を1つ、スポーツを1つ得意にすれば、世界のどこに行ってもたのしくだれとでも友達になれる、と言っていたから」との母の判断でした。その判断は極めて有難いものであったと感じます。

ピアノを習っていたことで音楽に親しみ、留学・駐在時は中国語で流行歌を熱唱し、異国の仲間と盛り上がったものです。水泳は、駐在時に同じマンションに住む年配の男性たちと泳ぐきっかけとなり、ジャグジーでよく話し込みました。スキーは、インストラクターのアルバイトを通じて、修学旅行生と知り合う貴重な経験になりました。

ちなみに、子どもが「うちの家庭は裕福だ」と認識を持つのは、悪いことはあってもよいことはあまりないと思います。いろんな人を見てきてそう感じました。

家にお金があり余っていると、お金は空気のように「あって当たり前」です。する

と、「あって当たり前」の空気を意識しないのと同様に、お金を意識する必要がなく、お金について考えなくなります。渇望という言葉がありますが、渇く（欠乏する）からこそ、大切に感じ、望むのです。

私が、中学生から資産形成に対して興味を持ち、探究できたのは、家にお金が多くないと感じたことが大きな要因の1つだと思います。もし裕福な家庭なら、お金に対して深く考えず、無頓着だったでしょう。

なにかが満ち足りていないことは、決して悪いこととはかぎらないのです。「足りないと感じる状況なら、なぜ足りなくて、どうやったら手に入れられるのかを深く考えられるチャンス」と思います。

■ **住宅購入費：約3494万円**

ライフイベント費用としては一番大きいでしょう。住む場所で金額は一変します。

旅行先では、よく不動産の相場をチェックします。たとえば都心に住む人は5000万円〜8000万円の住宅ローンを組んで購入する人もいます。一方、公営

住宅は、はるかに安く済みます。

住宅は一生住むと決まっていないかぎりは、「売りたくなったときに、売れるか」「値下がり具合はどう予想されるか」といった**出口戦略を考えたうえで購入しないと、一生その負債が肩にのしかかるリスク**もあります。

そして住宅購入費は、個人・時期によって非常に差が出やすい分野です。住宅ローン1つ取っても、住宅ローン減税の有無、固定金利か変動金利、金利がいくらか、といった要素で数百万円変わってきます。

日銀の未曽有の大規模金融緩和で近年低金利環境が続いてきました。金融緩和という金融政策は、インフレや通貨価値の下落といった副作用が遅れてやってくることが考えられます。

株式・為替・債券など、市場を人為的に操作すると、たいてい歪み（バブル）が生

じます。歪みはいずれ表面化します。歪んで下げたものはいずれ上がり、歪んで上げたものはいずれ下がるのが市場の常です。

低金利のうちに固定金利でローンを組んでおくのも1つの戦略でしょう。私は以前住宅購入の際に、そうしました。

収入が多くなければ、年収制限つきで「格安市営住宅」が提供されている地域もあります。築年数が浅く、綺麗な物件もあります。私は一時期、北海道をはじめ、現地の役所に足を運んだり、問い合わせたりして、築浅2DKで家賃2万円などよい物件を教えてもらえました。

結局、住宅購入費も千差万別です。自分や家族の価値観をすり合わせ、どのような環境を求め、どこでどんな物件に住むのかを見極めることが大切です。

修練

23

行き詰まったら「異質」に触れよ

先日、ある講演で講師を務めた際、「私はいま20代ですが、将来のためにどのようなことをやっておくべきですか」というご質問がありました。

私は**「異質なものに触れ、多様な経験を積み、観点を増やすこと」**と答えました。

具体的には海外留学を一例として挙げました。

20代にかぎらず次のような人も、異質なものに深く触れることで人生は変わると思います。

- 自分を知りたい
- 変化を求めている
- 人生の方向性が見えない
- 行き詰まりや閉塞感を感じている
- 自分の独自性や強みがわからない
- すべてを投げ出して、誰も知らない世界に行きたい
- なにかを変えたいけど、なにを変えたらいいかわからない

「異質」に触れずして己を知ることはできない

日本は同質性の高い国だからこそ、異質なものに触れることが大切だと思います。異質なものに触れることで、硬直性や画一性といった欠点をほぐせます。

なぜ異質なものに触れることが大切なのか。それは、自分を知ることができ、自分なりの判断軸や観点を持てるようになるからです。**自分と異なる人・国に触れないと、外から自分・自国を客観的に見ることができません。**

まずすべきことは、自分の状況を客観的に把握することです。

・私たちがどういう時代に生きているのか

本書で複数の角度から述べてきたとおりです。情報過多、比較という不幸、決断疲れ、新自由主義、利益追求主義、急速なデジタル化、人間らしさや余白、自然、他者への奉仕、常識という鎧、洗浄という方策、便利さのウラ、あふれるモノ、生きもの図鑑、階段は資源、など各章で論じてきました。

・**私たちがどういう国で生活しているか**

他国を知ることです。他国を知り、比較することで、はじめて自国を客観的に見ることができます。

異質なものに触れる方法①：価値観の異なる人とつき合う

海外留学や、海外へ飛び込むことは、事情によりハードルが高い人もいると思います。海外に行かずとも、日常からできる方法は、「価値観や考え方の異なる人とつき合う」ことです。

価値観や考え方の違いをおもしろがってください。本章で述べた、大声で歌い歩く人に「なんの歌？」とおもしろがって聞いていた人のように。おもしろいものには自然に興味がわくので、意識せずとも日常から異質なものに濃厚接触できます。触れれ

ば触れるほど、他者への寛容さと柔軟性が身につきます。
会社といった組織もある意味、価値観の異なる人間の集まりです。合う合わないはあるにせよ、視点を変えてみると案外有益な発見があるかもしれません。

私の友人は、いい意味でキャラの濃い人が多いです。価値観や考え方は異なりますが、みんなとてもユニークです。ある男性の友人は、少食であることを、「俺はあまり食べなくても平気、燃費がいいからさ〜」と、ちょっぴり自慢げに言います。「その発想はなかったなぁ〜、おもろいなぁ（笑）」と思いました。「食が細い」「あまり食べられない」ではなく「燃費がいい」とは、響きがとてもポジティブです。

ほかの友人は、バレンタインデーを「女性が男性にチョコを贈るイベント」ではなく、「世界中の美味しいチョコが百貨店などに集まる、一年で一番、世界中のチョコをたのしめる日」ととらえています。
「バレンタインデーは異性とたのしむもの」という常識を覆すばかりか、世界中のチ

ヨコをたのしむなんて、バレンタインデーをよりいっそうたのしめる発想ではないでしょうか。

例に挙げた2人は私と「考え方や価値観が合っているか」と問われると、そうではありません。お互いに主義・主張や、譲れない部分もあります。私が言うのもなんですが、キャラも濃いです。

しかし、彼らの発言や発想には、予想外の発見や新鮮さがあり、考え方や価値観が異なるからこそおもしろく、学ぶことも多いのです。

異質なものに触れる方法②：海外に飛び込む

海外に飛び込むことは、私の経験上おすすめです。より濃厚に接触するには次の方法がおすすめです。

海外旅行：ユースホステルの相部屋を活用せよ！

海外旅行で外国の人と知り合うには、ユースホステルの相部屋が一案です。国によっては貴重品の管理や安全性に気を配る必要もありますが、相部屋なら友達をつくるのが苦手な人でも、自然に知り合いやすいと思います。

相部屋は「ドミトリー」と呼ばれ、たとえば、二段ベッドが４つある８人部屋などがあります。

相部屋でいろんな人と出会いました。株の配当と年金で、世界を旅する定年後の女性と知り合いました。「株の配当と年金で、そんな生活が可能なんや」と思ったものです。

相部屋で知り合った大学生と、しばらく中国・四川省を一緒に旅してまわったこともありました。10年以上経ったいまでも、ときに連絡を取り合います。

ユースホステルではありませんが、寝台列車の相部屋で知り合った人と連絡先を交換し、私がパソコンを置き忘れたことに相手が気づき、帰国後にメールが届き、国際便で宅配してくれた人もいました。

世界観や観点が広がるだけでなく、「偶然」や「縁」といった人生の醍醐味まで味わったような気がします。一期一会。人との出会いで、旅や人生は何倍もたのしくなる。そんなふうにも思いました。

海外留学：各国の人が暮らす寮で生活せよ！

留学には、さまざまな形態があります。ホームステイ、各国の人が暮らす寮、ひとり暮らし、など。私はイギリスの短期留学はホームステイ、中国の留学は各国の人が暮らす留学生寮でした。

おすすめはズバリ、1部屋に複数人が暮らす外国人留学生寮です。多くの国の人がいるうえに、ルームメイトがいれば必然的に外国語で会話することにもなります。

語学の上達にもなり、寝食をともにすることで、深い話ができる仲に発展しやすい環境です。

■現地の人と、国について深い話をしてみる

各国の事情や抱える問題、歴史観が見えてきます。兵役のある国、宗教の信仰心が強い国、民族対立によって国を追われた人、迫害を受けている人。もう本当にさまざまです。

日本に兵役がないことを、私たちは日常で意識しません。

一方、韓国の友人は「兵役はキツい、激しいイジメもある」と話します。フィリピンの友人は「兵役は大変だったけど、精神的に強くなり、サバイバル能力が身についた。やってよかった」と話します。

このような話を聞けば、兵役について考えるきっかけにもなります。「世界には兵役のある国はどれぐらいあって、日本はなぜないのだろう」という疑問も生まれます。こうして、異国を知ることで自国を知ることにつながり、観点や世界観が広がります。

日本は第二次大戦後、国教はありません。一方、海外では毎日または毎週のように礼拝をし、クリスマスなどの行事では一堂に会するなど、集団的に共通する価値観や

行動様式があります。すると、「宗教が国民に一体感をもたらし、強い国体や統治を可能とする要素にもなり得る」といった側面も見いだせます。

民族対立や、民族的な迫害を受ける友人の話を聞けば、アイヌ民族の歴史や、日本が稀に見る単一に近い民族社会である面も見えてきます。

他国を知ることで、日本の一面が見えます。そうして自国を俯瞰したうえで自分を育んでくれた地域や社会を大切に想うことが、健全な郷土愛や愛国心につながると私は思います。

▩現地の人と現地のものを食べてみる

その土地の文化や信仰などが見えてきます。

食事にじっくり3時間かけるフランス人もいれば、

食べ物の残骸を床に落とす習慣のある中国人もいて、

外国でも韓国料理を出前で頼む韓国人もいれば、

食事中にギターの演奏者がやってきたらそのまま一緒に踊り出すイタリア人もいて、

本当にさまざまです。

食は人間が生きるうえでの根幹であり、文化です。その国の人々の一面が垣間見えます。食前の儀式、作法、食文化には歴史や背景が色濃く反映されています。

■ローカルに溶け込め！（海外駐在）

駐在ならば、現地で過ごす時間が増え、現地に深く触れることができると思いきや、場所によってはそうともかぎりません。「日本にいるときとやってること変わらんやん」と感じたものです。日本人駐在員は概して現地に深く入り込んでいない（または、入り込めていない）状況が散見されます。もっぱら職場以外では日本人と日本語で会話をし、日本料理店で日本料理を食べる、といったこともあります。

たしかにいろいろな側面があると思います。ローカルスタッフと仲よくなりすぎれば、機密上のリスクや利害関係の複雑化なども考えられるため、どちらがよいか一概には言えない部分もあります。

ただし、現地の言語を必死に学び、現地の人々と同じ言語でつき合い、現地に溶け込むことが、日本人駐在員に欠けがちな、大切なミッションだと私は思います。

駐在中、よくいろんな人に話しかけ、友達ができました。住まいの警備員、同じマンションの住人、レストランの店員など。ちなみに留学中についた私のあだ名は「バオアンマニア」でした。警備員は中国語で「保安（バオアン）」と言います。つまり、「警備員マニア」。警備員の人たちと話し込むうちに軒並み仲よくなり、そのあだ名がつきました。北京大学の門衛とも親しく、学生証を提示せずに顔パスでよく門をくぐっていました。駐在中もバオアンマニア全開。

とにかく現地の人（バオアンを含む）に話しかけ、現地の人々とつき合い、現地のものを食べることを意識していました。そのような日本人駐在員は稀なようでした。

1度きりの人生、「せっかく海外にいるのだから、海外に深く触れよう」という意識でした。ローカルスタッフや現地で知り合った一部の人々とはいまでも連絡を取り合う仲です。

また、服装はあくまで現地に合わせました。とくにアジア諸国では、日本ほどスーツ着用を励行していないこともあります。郷に入っては郷に従え。そのほうが、よりローカルに溶け込めたりするものです。

現地に溶け込み、現地の人と深いつき合いをしていけば、仕事面のメリットもあります。「資料の細かい見栄えや体裁はまったくと言ってよいほど気にせず、実利的かつ戦略的である一方、親密になると家族のように接する」といった中国人の特徴がわかれば、「中国人相手では、日本国内のように資料の細かい体裁などに時間をかける優先順位は低く、コネや関係性が決め手になることもある」といった判断にもつながります。兵法家の孫子が説いたように、相手を知ることは百戦を勝ち抜くために必須でしょう。

以前、私が外国の人と接する姿を見た人から「君は素直に相手に飛び込んでいくから、受け入れてもらえる」と言われたことがあります。

せっかく海外で仕事をするなら、日本人だけでつるまずに、もっと現地に溶け込もう、

現地の言葉で現地に深く入り込み、相手を知ろう、と私は強く言いたいと思います。

異質なものに触れる方法③：異なる環境に飛び込む

異質さに触れるには、とにかくいままでと異なる環境に飛び込むことです。人はときに変化を嫌いますが、前進なくして進歩なし、変化なくして異質なし、異質なくして学びなしです。

まずは、小さなことから。行きと帰りは違う道を通る。お気に入りの店もいいけど、ときには新規開拓。新たに習い事をはじめる。社外の人と積極的につき合うなど。とにかく日常に変化をつける。さもないと思考が退化します。動きましょう、私たちは動物です。

私はＦＩＲＥ後に、農業・林業・除雪という、それまでとは正反対の肉体労働に飛び込みました。除雪は、北国の会社に飛び込み、地元以外の人は私１人だけ。もはや方言の一部が聞き取れません。夜中３時には家を出て、慣れない道を大型特殊機械に乗って除雪し、ときに17時まで働くこともありました。雪国で当たり前のように通勤できるのは未明から除雪する人々がいるからです。当たり前のことなんて、ない。社会に対する感謝も生まれます。

同じ交友関係、同じ行動範囲、同じ生活、心地よいです。しかし「同じ」を繰り返すうちに、いつしか「当たり前」になります。しかも気づかぬうちに。家族、恋人、友人、会うのが「当たり前」になっていると、感謝を忘れます。同じことを繰り返さずに、ときに変化をつけていったん崩してください。異質が舞い込みます。異質というスパイスを加えることで、当たり前になっていた日常が艶《あで》やかに彩られます。

第7章

価値観の思考法

——唯一無二の「ものさし」を持て——

修練

24

自分の時間単価はいくら？
―時間の価値―

・時間は平等
・時間は有限
・時間は取り戻せない

時間は有限、だれもがわかっていると思います。わかっていながらも「明日死ぬかもしれない」という緊迫感を持ち続けて日々を生きるのは難しいものです。なぜならそれは、辛すぎるからでしょう。しかし「今日に続く明日がかならずあるとはかぎらない」と思うことはときどき必要かと思います。

人に与えられる時間は、等しく1日24時間です。かぎられた時間を「どのように使うのか」で人生に違いが生まれます。

30歳で会社を辞めるとき、「なんで？ 大企業に入ったのにもったいない」という反応が周囲からありました。しかし、時間とお金を天秤にかけると、圧倒的に時間に価値があると感じていました。

失ったお金は取り戻せますが、過ぎた時間は取り戻せません。

全力で何事にも取り組める若いときの健康は大切です。

会社員時代、業務量が部署内で一番多く、月の残業時間が3ケタだった時期に、通

勤1時間半の場所から通勤30分の場所へ引っ越しました。この決断も、「お金より時間と健康」という考えからです。家賃は倍以上になりましたが、時間に余裕が生まれ、身体はかなりラクになりました。

自分の「時間単価」を計算してみよう

私はいまも昔も、「自分の時間単価」を基準に行動することがあります。「時間を得るための単価はいくらか。その単価は自分の時間単価より安いのか」という観点です。

サラリーマンの場合の、時間単価（時給）を確認してみましょう。

簡易的な計算方法は次の通りです。ご自身の定時や月給・勤務日数を当てはめて算出してみてください。

・残業代抜きの月給20万円÷（1日の所定労働8時間×20日）＝時給１２５０円

残業代を抜いた月給が20万円で、１日の所定労働時間が8時間（＝定時９～18時で昼休み1時間）**ならば、時給は１２５０円です。**

算出した時間単価１２５０円を基準に、次の２つの例を考えてみましょう。

たとえば高速道路を利用するとき。

２０００円かけて到着が１時間早くなる場合、自分の時間単価＝１２５０円より割高な投資で時間を得ることを意味します。

逆に、１０００円かけて１時間早くなる場合、自分の時間単価より割安な投資で時間を得られることになります。

スーパーで食材を買う際にも応用できます。

近くのお店よりも徒歩10分多くかけて、１００円安い魚を買いに行くか迷ったとし

ます。その場合、1時間で600円。自分の時間単価より安いということです。100円の価格差のために、自分の時間を安く切り売りしてまで100円を得るべきなのか。

当人の価値観次第ですが、時間単価は行動する際の判断基準になります。

「先延ばし」という麻薬

私が時間に関して最も注意を払っているのは、「物事を先延ばしにしない」ことです。

先延ばしは、麻薬のようにやっかいです。なぜなら、人間は代償を先に払いたくないうえに快楽は早くほしくなるので、「面倒なことは先延ばしにして快楽を先に得る」という行動を繰り返しかねないからです。私も秒でゲームに着手できるのに、個人事業の会計処理の着手には相当な意志力が必要です。

先延ばしにすると、脳の一部のスペースを占有し続け、意志力を奪い続けます。人間の短期記憶には限界があり、7つほどの項目しか覚えていられません。先延ばしに

した結果、往々にして忘れるのです。

「あ、あのメール返さなあかんなぁ…」と思いつつ先延ばしにしているうちに、翌日も翌々日もおっくうになります。そして、次第に忘れます。

先延ばしが往々にして迎える最悪の結末は、「忘れてしまう」ことです。

決断の先延ばしはお金にも影響します。新幹線、飛行機、旅館。いずれも先延ばしせずに早期に「早得プラン」を予約すればそれだけ安く済みます。


「先延ばしにするとロクなことがない」

私の人生の教訓の1つです。人間はいつ死ぬかわかりません。来年やろうと言っているうちに、生を終えているかもしれません。他人に対して価値観の強要をしてはいけませんが、この考えだけは、家族ともしつこいぐらい共有しています。

時間のない人でも時間を生み出す思考

「時間がない」が口癖の人は多いと思います。現代人はたしかに忙しく、時間に追われています。

しかし私は、**「時間は工夫して創り出すもの」**だと考えています。

私の幼い頃に働きづめだった母は、「布団に横になったら1秒で寝た」と述懐します。1人で子どもたちを育て、男女雇用機会均等法が施行される前である当時、女性が資格の勉強をしながらフルタイムで働き、保育園の送り迎えをし、文字どおり満身創痍だったようです。

間近で見てきたからこそ、「時間がない」なんて口が裂けても言えません。

「本当にそれほど追い込まれた状態なのか？」

「やれることはすべて試してみたのか？」

「まだ工夫できる余地はないのか？」


そんな声がもう1人の自分から聞こえてきます。

トイレに行く時間、思考できます。歯磨きする時間、思考できます。お風呂に入る時間、思考できます。目・耳・手がふさがれていても、脳は常に活用できます。

時間を生み出す方法①

朝を最大限活用せよ

朝活、なんて言葉がはやりましたが私もやっていました。

会社員のある時期、朝9時始業のところ、7時半に出社していました。部署で一番多くの案件を抱えていたため、早く出社しないと夜遅くまで残業しなければ終わりません（ただし早朝に来ていることを知らない人からは「お、手あいてるな」と思われ、さらに仕事を増やされることも泣）。

早朝出社のメリットは、次のとおりです。

▨異様に集中

早朝は出社している人が少ないので、静かで集中できます。電話もなりません。「人の少ないオフィス」と「ＪＡＬのサクララウンジ」は異様に集中できます。両者の共通点は「①適度な緊張感、②静けさ、③飲み物がある」です。

早朝に近くの公園でラジオ体操に参加してから出社したこともありました。年配の方々と身体を動かし、足取り軽やか、気分も爽快。これまた異様に集中できます。

▨連帯感は早朝に生まれる

ほかに出社している同僚や上司がいれば、交流のチャンスです。

いつも私と上司の2人だけが早朝出社でした。「お、君も朝早いのか」と連帯感や仲間意識が生まれ、くだけた会話で率直に話ができ、上司の人柄への理解が深まったように思います。

上司は社内ではパワハラの噂が絶えない人でしたが、子煩悩な父という別の一面も早朝の交流で知りました。

■ 1日の処理能力を制する

まず溜まったメールをまとめて返し、今日やることをリストアップ。その日の仕事の全体像を把握して優先順位をつけます。

同じ業務でも、時間に追われ、全体を俯瞰しないまま、「あれもこれも」という心理状態で手あたり次第に取り組むと、処理能力が格段に落ちます。

会社員を辞めたいまでも、家事、ブログ執筆や資産運用のチェックやご質問・ご相談への回答など、やるべきことは朝にすべて済ませるように努めています。

そしてなにより、朝の深呼吸は理屈抜きで気持ちいいものです。「なんかしらんけど、なんかええ」という感覚はたいてい正しい。私たちは動物です。

時間を生み出す方法②

「段取り」と「仕組み」で効率化せよ！

我が家では基本、平日の料理担当は私です。

仕事と料理に共通するのは、「段取りが大事」ということです。

鶏肉と野菜のスープをつくるなら、水を沸騰させる間に野菜を切る。鶏肉を茹でている間に、合わせ調味料をつくっておく。夜は翌日の朝食を考えて、冷凍庫から必要な食材を解凍しておく。朝食をつくる際に夕食まで考えて必要な食材を解凍しておく。

仕事においても、スタート時に段取りできているか否かで、効率性やスムーズな進行、完成度まで決まると言っていいでしょう。

私が**資産運用をはじめるときにも、まず「段取りと仕組み」に注力**しました。心地よく継続するためです。結果的に効率にも寄与したと思います。

人間の心理として、株価が上がれば追随して買いたくなり、株価が下がれば「さら

に下がるかも」と恐怖で売りたくなる。しかしそうしていると、継続的に利益は上がらない。

ではどうするか。積み上げられるものを評価指標（ＫＰＩ：Key Performance Indicator）にすることです。私がＦＩＲＥ達成まで、「ＫＰＩは配当金」と言い続けたのはそのためです。

なぜなら資産額は日々変動するからです。資産額の一時的な減少によって精神状態が不安定になると、冷静な判断を欠き、相場の底で売ってしまうという最悪の行為にもつながりかねません。ＦＸで何度も経験しました。投資はメンタルが一番大切と言ってもよいでしょう。

心地よく続けるために、「買えば買うほど積み上げられる配当金」に着目しました。得た配当金を毎月記録し、グラフ化して見える化することで、モチベーションとメンタルが保たれると考えました。

このようにＦＩＲＥ達成に向けて「自分が投資を心地よく続けられるメンタルとモチベーションを保てる段取りと仕組み」を考えました。

最初に時間をかけるべきことは「仕組み」であり、「段取り」です。

土台と仕組みがしっかりしていなければ、外部要因ですぐ揺らぎ、方針がころころ変わり、そのたびに「どうしようか」と悩んで時間を失います。物事を継続できなければ、それまでかけた時間や労力も水の泡です。

努力が裏切らず、費やした時間が報われるのは、あくまで方向性を間違えなかったときだけです。仕組みと段取りで方向性を整えることが先決です。

時間を生み出す方法③

「ついでに作業」をルーティン化せよ！

①お風呂掃除で片足を上げながら浴槽を磨くことで体幹を鍛える
②電車で移動するついでに駅の階段を上り下りして下半身を鍛える
③「〇〇行くけど、ついでにしてほしいことある？」と家族や周囲に聞く
④「下種《げす》の後知恵」を避けるべく、事前にルートをイメージする

いずれも私自身、努めていることです。①は地味に効きます。ぜひやってみてください。②はもう説明不要でしょう。③は相手の時間を創り出しています。自分の時間を創り出すだけでなく、ついでに相手の時間も創り出せるとみなハッピー。④はたとえば、家の近くで外食する際も、お店までのルートをイメージします。すると、道中にスーパーの前を通ったときに「リサイクルごみを持ってくれば捨てられたのに…」といったことが防げます。祖母はこういうとき必ず「下種の知恵は後から（意味：愚かな者は、必要なときに知恵が出ず、事が過ぎた後に名案が浮かぶこと）」と言っていました。やはり段取りが肝です。

時間を生み出す方法④
専門家に頼る

手が回らないときは、「時間を買う」判断も賢明です。

友人の弁護士は、「個人事業主として確定申告を自分でやったところ、専門家に任せてほかの作業に時間を充てたほうがよい」と判断し、税理士と契約。数時間以上の作業を短縮していました。

堀江貴文《ほりえたかふみ》氏は、自炊や家事の時間がもったいないので、食事はすべて外食でホテル暮らしをしていると語っています。

野茂英雄《のもひでお》氏は、メジャーリーグへ挑戦する際、エージェントにすべて任せたそうです。自分が専門でない分野を専門家に任せることは理にかなっています。

私も執筆などで忙しく、自炊する時間が惜しいときは、家の近くで外食します。また、生協の食材宅配「生活クラブ」も活用しています。食品添加物や農薬使用に厳しい基準を設けており、国産素材中心の安心食材のネット注文・宅配が可能です。時間を得られるので、お金を払う価値はあると感じています。

時間を生み出す方法⑤

お金自動発生マシンで積み上げろ！

副業をはじめるときは、「積み上げ式」という観点が大切です。

たとえばブログやYouTubeの利点は、積み上げられることです。軌道にのるまでコンテンツを出し続けるには根気がいりますが、一度軌道にのれば過去のコンテンツの閲覧や再生で広告収入が得られます。

積み上げ式のよいところは、「もう1つコンテンツをつくろう」という意欲がわきやすく、量をこなすうちに質もともなうようになり、評価や支持も得やすくなります。

投資についても同様です。株式の配当積み上げも、着実に成果が可視化され、「さらに配当を増やそう」という意欲がわきやすい仕組みです。加えて、投資を継続してきた軌跡が一目瞭然。結果的にコンテンツとしての訴求力も認められます。

転職の検討など、キャリアアップしたいときにも「積み上げ式」の観点を持つことが一案です。会社を選ぶ際、経験や知見を積み上げられる職場なのかも判断材料の1つにしたいですね。

「老い」を知ることが、生きるうえで大切

最後に、長い長い「人生の時間」について考えてみましょう。

私はいま34歳です。今後も年をとりつづけます。いずれ体力も低下し、老後を迎えます。自分の将来を見据えたときに実際にやって大切だと感じたことは、次の2つです。

・「祖父母への介護」に、孫の自分が関わる

・人間がどのようにして老い、旅立つのかを目にしておく

日本は核家族化が進んでいます。親や祖父母と離れていると、人間がいかにして老いていくのかを目の当たりにできず、老いに対する知識や経験を得ないままに、自分も老いを迎えるということです。

「あれだけ聡明だった人が認知能力を失うのか」、「人は赤子に生まれ、老い、そして、また赤子に戻るかのような言動になるのか」、老いを知れば、いろんなことを感じるはずです。

上の世代の人と話すことで、昔の日本といまの日本を比較でき、社会を俯瞰できるきっかけにもなります。子どもには昔のよき「伝統と文化と知の継承」ができます。私も祖父母から多くを教わりました。

老いを知ることによって、「足が悪くて歩きづらいのかな」「高齢者だから、前の走行車はスピードが遅いのかな」などと、思いやりのある想像力がはたらくようにもなります。

生きた時代が違えば、話がかみ合わないこともあるでしょう。しかし、逆立ちしても私たちは先人の人生体験の多さにはかないません。

親や祖父母を想う気持ちを言葉や行動に表し、そしてその老いと向き合うことが大

切だと思います。老いと向き合うことは、決して簡単なことではなく、受け入れがたいものでもあると思います。しかし老いと向き合うことは、自分の人生を深く考えることにもなります。

私も、かぎりある時間のなかで親との時間も大切にし、「老いとはかくあるものか」と自分なりに考え続けたいと思っています。いずれ私たちも迎えるのですから。

修練

25

はたらき方を工夫しよう

―仕事の価値―

・仕事をやる意義が見つからない
・仕事に対するモチベーションが上がらない

日本人の仕事に対する熱意は、世界最低とする統計が見られます。アメリカの人事

コンサルティング会社KeneXa High Performance Instituteによる調査で、28か国の社員100名以上の企業・団体に所属する社員を対象に行なわれた「従業員エンゲージメント指数」によれば、世界最高はインドで77%。デンマーク67%、メキシコ63%。ほか主要国では、アメリカが59%で5位。中国57%、ブラジル55%、ロシア48%など。イギリス、ドイツ、フランスなどのヨーロッパ先進国も40%台後半。韓国40%。日本は31%で最下位です。

経済成長期に見られた猛烈サラリーマンの面影は見られません。

仕事に対するモチベーションの低下が、日本の生産性が停滞する一因であるとも想像されます。

仕事の方策①

「仕事の意義」を箇条書きさせよ

「仕事の意義とは」という問いに明確に答えられるでしょうか。

仕事へのモチベーションが下がったとき、箇条書きにしてみることをおすすめします。仕事に対する考えが整理でき、客観視することができます。

ＦＩＲＥ前は仕事の意義など見い出せませんでした。仕事に追われ続ける日々からいったん離れたことで、客観的視点を持てるようになったのだと思います。サラリーマン当時の記憶をたどり、次のように仕事の意義を書き出してみたことがあります。

サラリーマン時代
・まずは多くの人々と同じように、サラリーマンの経験を積める
・人生の選択肢が広がる「お金」を得ることができる
・多様な人生体験・社会経験を積める

現在
・社会の構成員としての意識を持ち、責務を果たす
・自分を満たせた後は、周囲や社会に利他の精神で尽くす

・仕事ごとに、意義と理念を明確に設定して、自ら仕事に意義を持たせる

サラリーマン時代は自分のためというスタンスでした。しかし自分に余裕が持てると、「周囲や社会のために」というスタンスに変化し、そして仕事に意義を求めるようになったことが、この箇条書きからわかります。

仕事の方策②

「やらされ感」を排除せよ

仕事で好循環をつくるには、受動的思考をやめて自発的に自分らしく仕事に取り組むことです。

自発的に動くと「やらされ感」がありません。また指示待ちで受動的につくった成果物は、結果がよくなかったときに指示した人のせいにしがちです。さらに、経験としても蓄積されません。「自分で考える」プロセスを経ていないので、失敗したときに次にいかせる課題点が見えないのです。たとえ評価されてもさほどうれしくありま

せん。受動的だと成果物に自分の意思が反映されないからです。「資料を読みやすくしよう」と自発的に動けば、たとえ評価されなくとも納得感があるうえに、主体的に考えたからこそ課題点が見つかりやすく、次にいかせます。仮に首尾よく評価されれば、自分の努力も報われます。正のスパイラルがはじまります。

仕事の方策③　「利他の精神」を身につけよ

やりがいを持つための即効薬は「利他の精神」です。

結局、人間はだれかの役に立ち、感謝されたとき、「うれしいなぁ。よっしゃまたがんばろ」とやりがいを持てるものです。すると、「どうすれば役に立てるんやろ」という考えにも至り、さらなるよい結果を生みます。好循環です。

仕事の方策④　雑務や下働きで「想像力」を養え

私は部内で一番若かった頃、「雑務や下働きばかりでめんどくさ…」と正直思っていた勘違い野郎でした。

いま思えば、飲み会や接待の手配にしても、勉強になることばかりです。

喫煙者がいるなら、喫煙ルームの有無などを会食先に確認する。掘りごたつでない座敷を好まない人（汗ばむ足の匂いが気になる、足を伸ばせないので苦手など）がいるか確認する。わかりにくい場所でないかを確認する。次第に人の都合や好みを優先的に考えるようになり、想像力が備わります。

想像力は、交渉事やリスクヘッジにも活用できるのでサラリーマンにとっても必要な能力です。

仕事の方策⑤

代償はすすんで払え！

大日本帝国海軍の軍人として、第26、27代連合艦隊司令長官を務めた山本五十六の次の言葉は、代償の先払いに通じるものがあります。

「やってみせ、言って聞かせて、させてみせ、ほめてやらねば、人は動かじ。話し合い、耳を傾け、承認し、任せてやらねば、人は育たず。やっている、姿を感謝で見守って、信頼せねば、人は実らず」

「隣の部署でヘルプが必要になったから、だれか2時間残業してもらえないか」

と言われたら、面倒であっても率先して手を挙げます。

人の信用が物事を動かしていきます。たとえばチームで仕事を進めているとして、どれだけ仕事のできる人でも、真っ当な主張をしていても、信用がなければ、人は動いてくれません。

仕事の方策⑥

相手の期待を上まわれ！

仕事をはじめて間もない頃、同期が発した印象的な言葉があります。

「どうしたら相手の期待を上まわれるかを常に考えている」

当時の私に、そのような考えはありませんでした。

・相手の求めるものになにをプラスアルファするか
・それを、どのように実現するか

同期は仕事の取り組み方を主体的に考えており、なにも考えていない私とでは明らかな差が生まれます。私は考えを改めました。

部署の業務は、早さが重要。顧客は急いでいるため、仕事依頼がきちんと確認されたか気になるはずです。まずは、メールを受信したら返信を即座にすることを徹底しました。

「いつもお世話になっております。貴信、拝受しました。手配を進めます」といった**定型文をパソコンに単語登録し、「い」を変換するだけで定型文が出るようにしておき、瞬時に返信**。ゲーム感覚でタイムアタックするのも一興です。

すると、作業に必要な情報を事前に共有してもらえるようになりました。その情報をもとに先に着手できるので、１件の仕事依頼を終えるスピードが格段に速まりまし

た。

「一事が万事」。とくに人間関係で、一見小さなことでも期待を上まわるよう努めることで、相手の接し方に変化が生まれます。逆に言えば、小さなことをおろそかにすると、いつしか信用が失われてしまう、と肝に銘じておきたいところです。

修練

26

―お金の価値―
お金があれば幸せ？

「お金は本当に麻薬やなぁ」としみじみ感じたことがあります。

あるとき、数億円以上の資産家の方々の知遇を得る機会がありました。

お金の話が好きで、数億円の資産を築いていても、さらに追い求めていく姿を目の当たりにして、

「そのお金を使ってなにをしたいのか」

と資産額より目的のほうが気になりました。

私はＦＩＲＥ前に次のようなツイートをしています。


「年金2000万円問題が話題なようですが、それより気になるのが日本人男性の健康寿命72歳。私は30歳なので既に4割終了。時間は刻々と過ぎ去ります。お金より健康と時間が断然大事です。あと3年豚舎に通えば資産は確実に大台に達しますがその前にスパッとセミリタイアして時間を確保したいと思っています。」

お金よりも時間の価値が勝る理由

平均以上の給与をもらっていましたから、あと1年でも1か月でも長くいれば、お金は増えます。しかし辞める頃にはそんなことはどうでもよいと思いました。

時間のほうが遥かに価値があると感じていたからです。

「30歳で1億円、40歳で3億円。どちらを選びますか」と問われれば、前者を選びます。

友人と久しぶりに会ったとき、興味深い指摘を受けました。

「FIREする前は、空からお金降ってこーへんかなぁ、って言ってたのに、FIREしてからお金ほしいってぜんぜん言わなくなった（笑）」

この変化からわかるのは、**私にとってお金の価値とは、「人生の選択肢を増やし、人生の自由度を広げ、主体的に生きるための手段であった」**ということです。

現に、FIREしてからお金のことを考える時間も執着も極端に減りました。

心地よい生活を送るにはいくら必要？

自分の人生にお金がどのくらい必要なのか？　**結局は自分の価値観を知ることに尽きます。**

まずは、心地よく生活を送るための生活費を知ることです。

生活費の大きな額は住まいですね。家賃5万円のアパート、家賃15万円のマンション、築浅、築古。旅行や民泊などを利用して宿泊してみるのも一案です。

自分がどの程度の物件なら心地よいと感じるでしょうか。実際に住まずとも、友人や知人のお宅を拝見したり、家賃を聞いたってよいと思います。

都会に住むか住まないかでも、価格帯は大きく変わります。

都心から電車で1時間の場所には、海や山など豊かな自然、温泉、豊富な地産食材だけでなく、快適な住環境があります。

大手ハウスメーカーの新築2DK（6畳＋6畳＋12畳）、8畳分のバルコニーがあって

家賃8万円の物件もあります。仮に夫婦2人で住めば、1人4万円です。

私の場合は、少し足を延ばせば都会にアクセスできるような、適度に都会から離れた自然豊かな地域に魅力を感じます。もちろん都心より価格帯は下がります。

近所の親しい農家さんからは、食べきれないほどの野菜をいただいたり、農協の朝市は、スーパーの半額で朝どれの新鮮野菜を買えます。

なにより自然豊かな地に住むと最寄り駅に降りた瞬間、幸福度MAXです。自然の匂いは心地よく、精神的に癒されます。

幸せを感じる場所で生活してみると、「お金ってそんなに必要ないんちゃうか?」という思いが生まれます。

ささいな日常の1ピースに幸せを感じることができれば、他人に対しても寛容でいられたり、精神的に余裕が持てるなど、副次的効果を生みます。

「住む場所を考える」ことは、「住む場所になにを求めるか」を明確にすることでも

ありますね。結局は自分の価値観を知ることです。自分や家族の求めるものがあやふやであれば、満足いく住居かどうか正確な判断を下せません。

私は旅行にいくついでに、「ここに自分が住んだらどうやろなぁ」と不動産屋の張り紙を見て相場を確認していました。

お金は精神的な保険でしかない

30歳でＦＩＲＥしたときの資産は７０００万円でしたが、「３０００万円でも５０００万円でも、本質的な違いはなかった」と、のちに感じました。

30歳で生き方を変えるということは、健康寿命が72歳とすると、残り40余年です。「その40余年をどう生きるのか、どう社会と関わり、役に立ち、お金という対価を得るのか」ということのほうが、30歳時点の資産額よりも、よほど大きな影響をもたらします。

たしかにお金は精神的安心を得るための保険にはなります。私も間違いなく、資産7000万円、月の配当20万円が、退職に踏み切る精神的な後ろ盾になりました。しかし貯金なり資産なりが多ければそれでよいということでもなく、人生をどう生きたいのか、どう周囲や社会と関わりたいのかが大事なのだと思います。

いまがとにかくしんどいから、とりあえずFIREする。FIREに救いを求めて、FIREをまず目的にしたってよいと思います。人によって事情はさまざまです。ただしいずれは、その後どう生き、どう周囲や社会と関わるのかに直面することになると思います。人間は人と関わり、支え合い、だれかの役に立ち、感謝されることで充実や幸せを感じるからです。

「5億円あったらなにを買いますか？」

同じ会社に勤めていた人や、同世代の人によく聞いていた質問です。

返ってきた答えは、少しいい家、外食、キャンプ用品、ゲーム、エアコンなどでした。即答できた人はおらず、しばらく考えて、やっとひねり出した答えばかりです。

家をのぞき、どれも買おうと思えばすぐに買えるモノばかりです。彼らは、むしろ自由な時間がほしいと言います。

この答えには、「金銭を消費して得たいモノが飽和してきている」といういまの世相が凝縮されています。**「お金で得られる幸福の価値が下がっている」**とも言えるでしょう。

いまは主にアメリカ発（日本でないことが残念ですが）のＩＴサービスなどによって、あまり金銭をかけずとも、映画や物流などのサービスを享受できてしまいます。

ドイツや台湾の友人によれば、若者の間で流行っている娯楽は「友人や恋人とオーガニックな食材で弁当をつくって、自然豊かな公園で一緒に食べること」だそうです。

物質的な需要は飽和しています。無理やりにでも人々の需要を喚起しないと現代はもうモノが売れません。「モノより体験」というキャッチコピーが一時期流行ったように、モノやお金よりも、充実した時間や体験を求めるようになるのも必然です。

私の周りにいるＦＩＲＥを目指す若者は、資産形成や事業を興すことに熱心です。しかし先ほどの問いには、「旅行かなぁ」「好きなことを追求したい」「事業を興したい」など、お金が直接的な回答として出てくることはありませんでした。

みなさまも「5億円あったらなにを買いますか？」と自分に問うてみてください。

自分の価値観を知るきっかけになるかもしれません。

いつの世も、通用するのは「考える力」と「サバイバル能力」

時代にかかわらず、普遍的に通用するものは「お金」ではなく「自分」であり「現物」だと私は考えています。

株式や不動産、太陽光発電などで経済的自由を得ても、市況には左右されます。株式が長期にわたって低迷したときに、収入を株式に依存していれば、真の経済的自由を得たとは言えないでしょう。「インデックス投資なら安心」「定期つみたてなら安心」「米国株なら安心」と妄信的にならず、従来のやり方や方針に固執せず、君子豹変、危険を察知したら方針を180度変える。

状況に応じて適応する力、つまり「自分の頭で考える力」や「サバイバル能力」が

本質的に重要な点だと思います。お金や株式など、なにかに依拠しすぎないことです。ひとたび社会情勢が変化すれば、今後も輸入が正常におこなわれ、モノがあふれる状態が続くとはかぎりません。通貨の価値も保たれるとはかぎりません。

そのような状況で生き残れるのは、平時から準備をし、物事や社会の本質を見極め、お金ではなく現物や技術を備えている人です。

土と種で農作物を育ててみる、プランターで家庭菜園をはじめてみる、石油ストーブやカセットコンロを備蓄し、ガスや電気が途絶えても火を使える状況にしておく、湧き水がある場所に暮らして水を確保しておく。

有事はいつ起こるか予測できず、事が起こる前の備えが肝要です。時代を問わず、日頃からの現物の備蓄や、自分の思考力、サバイバル能力がモノを言います。

有限のお金から幸福を得るには、なにを優先するか？

本書をお読みの多くの方が「お金がほしい」と思っており、そのために資産形成にはげむ方もおられると思います。

しかし、人生と同様、お金も有限です。

「なににお金を使ったら幸せを感じられるか」を明確にしなければ、いくらお金を費やしても満たされません。結局、価値観に沿って有限のお金を優先的に使うことに尽きます。お金は無限に得られないので、なにに使うのかを突き詰めることです。


高価な住居、車、衣服など、モノで満たしたいのか。

旅行、習い事、留学など、経験へ投資したいのか。

子どもへの教育へ費やしたいのか。

日々の健康的な食材や美食にとことんこだわりたいのか。

私が提唱してきた**「支出の最適化」**は、**支出を価値観に沿って取捨選択し、「なに**

に価値をおくか」＝「お金を費やすか」を明確化するための方法です。自分にとってのお金の価値を知ることができれば、日々の生活費、資産形成のプラン、老後の備えまで、おのずと人生設計まで見えてくるはずです。

おわりに　FIRE第一人者としての責務

私は、私を育んでくれた日本という国、日本に住む人々、先人たちの努力、そして社会に感謝しています。

私たちのいまがあるのは、先人たちの努力と犠牲があることを、決して忘れてはいけません。自分や家族だけの力ではなく、社会の構成員であるすべての人々の活動が連綿とつながり、作用しあっているからです。

私はいま、この日本に対して、多大な危機感を抱いています。

「いまさえよければいい、自分さえよければいい、金が入ればそれでいい」といった刹那主義。「無思考で無批判、自分の頭で考えず、盲信し、盲従する」、そんな量産型ロボットのような人々。

国家を構成し、動かすのは、私たちです。
それが現行制度である「民主主義」であり、「国民主権」であるということです。主役である国民が物事を決める主権者であり、国民が政治権力の責任主体であり、政府はあくまで国民の負託によって運営される機関であるということです。

国際社会は、なにも失わずに生きられるほど甘くはありません。私は海外での留学や仕事で、日本人は現状に対する危機感が欠如していると、身をもって感じました。

私が留学した、北京大学の経済学部の授業「世界経済概論」では、教授が日本のバブルを徹底的に分析し、学生たちはその教訓を得ようと奮闘していました。

いま日本に、そのような熱意を持って国の将来を憂いている人は、はたしてどれだけいるでしょうか。

私は本書で、自分の頭で考えることの大切さ、自分で人生を切り拓くことの大切さなどを述べてきました。

なぜなら、そうして個人が自分の頭で主体的に考え、人生を切り拓き、経済や精神の自由を得ることで、いま私たちが住まう社会を「しなやか」にし、後世へ継承することにもなるからです。「しなやか」とは、弾力に富み、なにかが飛んできてもポキッと折れずに力強く跳ね返す力です。

自分の頭で考えるしなやかな人が増えれば、社会は柔軟で剛健《ごうけん》になります。私たちの大切な人や子どもに、平和で安全な社会を継承するためには、1人ひとりがしなやかであることが決定的に大切なのです。

私はいま、経済的にも精神的にも自由を手にしています。

自分を満たせた人間が果たすべき責務とは、他人や社会を満たすことです。慈善活動といった立派なものではなく、周囲や社会への恩返しです。

本書の執筆は、お金や名誉や地位のために、出版社の依頼を引き受けたのではありません。複数の依頼をいただいたときに、前著の二番煎じ的な内容や、単なる早期退

職としてのＦＩＲＥブームを助長するような企画は受けない考えを編集者へ伝えると同時に、私の理念、社会への思いに理解を示してくれるかどうかをまず確かめました。そう思えない出版依頼は、すべて断りました。

ＦＩＲＥとは、ややもすれば、個人の幸福の最大化だけを考え、社会のことを考えない「個人主義・利己主義の権化」と思われかねない概念だと思います。「早期退職」のイメージが先行しがちだからです。社会に対していち早く別れを告げ、自分の人生を謳歌する。現に、そのようなＦＩＲＥ達成者もいるでしょう。しかし人は生きているかぎり、なんらかの形で社会にかかわり、貢献することに行き着くと思います。

自分の生き方を通して、「社会と積極的に関わっていくＦＩＲＥ像」を人々や社会に示し続ける。それが日本でＦＩＲＥを提唱し、先導した第一人者として果たすべき責務であると考えています。

人間、考えが変わることもあるでしょう。それでも常に自分が社会に貢献できるこ

とを考え続け、示し続けたいと思っています。

今回、私の考えるＦＩＲＥの概念を、思考法という新しい切り口で提唱できる企画を提案していただきました。私がこの本で本当に伝えたいことに理解を示し、執筆に伴走してくれる編集者であることを確認して、筆をとる決意をしました。深く御礼申し上げます。

本書を通じて、自分と周囲を豊かにする人生を歩む人が、ひとりでも増えることを願っています。そして願わくば、志を同じくする人、賛同する人がひとりでも増え、行動で示し続ければ、社会はよりよくなると信じています。

Best wishes to everyone.

２０２３年２月　穂高唯希

STAFF

装丁　井上新八
本文デザイン　山之口正和+齋藤友貴（OKIKATA）
イラスト　Studio-Takeuma
校正　鷗来堂
DTP　Office SASAI

穂高 唯希 Yuiki Hotaka

ブログ「三菱サラリーマンが株式投資でセミリタイア目指してみた」を運営。幼少期にその後の人生にかかわる死生観と金銭観を得る。14歳で金融に興味を持ち、慶應義塾大学在学中に北京大学留学、経済学を学ぶ。給与の8割を高配当株・連続増配株へ投資し、金融資産約7000万円、月平均20万円超の配当収入を得られる仕組みを形成。30歳で退職しセミリタイア、FIREを達成。日本版FIREムーブメントの第一人者として新聞・TVなど多数メディアで取り上げられる。会社に縛られない生き方や、社会に貢献する公益投資など、新しい人生観を提唱。著書に『本気でFIREをめざす人のための資産形成入門 −30歳でセミリタイアした私の高配当・増配株投資法−』（実務教育出版）。

ブログ　三菱サラリーマンが株式投資でセミリタイア目指してみた
Twitter　@FREETONSHA

経済《けいざい》・精神《せいしん》の自由《じゆう》を手《て》に入《い》れる主体的《しゅたいてき》思考法《しこうほう》
#シンFIRE論《ファイアろん》

2023年2月25日　初版発行

著　者　穂高《ほたか》 唯希《ゆいき》
発行者　山下 直久
発　行　株式会社KADOKAWA
〒102-8177　東京都千代田区富士見2-13-3
電話 0570-002-301（ナビダイヤル）
印刷所　凸版印刷株式会社

ISBN978-4-04-681816-4　C0033